は じ め に

　本書は，文部科学省検定教科書『商業719　マーケティング』の学習用教材として作成されたものです。

　中間試験・期末試験対策のみならず，商業経済検定対策としても利用できます。

　教科書の内容をより深く理解し，知識を確実なものとするために利用してください。

① 　学校内でおこなわれる中間試験・期末試験は，教科書と授業内容以外からは出題されることはありません。わからないところは，先生に質問したり自分で調べたりして，理解できるようにしておきましょう。

② 　ノートの作成方法なども，単に黒板の文字を写すだけではなく，自分なりにいろいろと工夫してみましょう。

③ 　商業経済検定は，文部科学省検定教科書の記述内容にそって出題されますから，受験しようと思う人は教科書の著述や図をしっかりと理解しておきましょう。また，商業経済検定にかぎらず，資格試験のほとんどは過去問題を解いてみることが最大の対策になります。本書では，商業経済検定にも対応できるように過去に出題された検定問題を発展問題として登載してありますから，腕試しに解いてみましょう。

④ 　「マーケティング」という概念を学習するにあたり，マーケティング特有の言葉の使い方について最初は「面倒だ」と感じることがあるかもしれません。そのような時は，英語の授業に接したときと同じように，マーケティングという新しい学問を学ぶのだと割り切ってください。新しい言語を学習することで，社会の変化や企業の行動について新しい視点を手に入れることができるでしょう。

　変化のスパンは時代の流れに合わせる必要があります。世の中が変われば人の行動も変わります。そういった意味では，マーケティングは常に新しい視点を取り入れていかなければなりません。

　変化はチャンスです。そのためにマーケティングの学習の第一歩を！

編著者一同

JN096412

もくじ (Contents)

本誌ページ   教科書該当ページ

第1節　総論①②

*マーケティングとは　*ニーズとは　*ウォンツとは　*需要とは　*顧客のコストとは

学習の要点

❶ マーケティングの定義，マーケティングが生活の身近にあることを理解する。
❷ ニーズのレベル，ニーズとウォンツの違いについて理解する。

基本問題

問1　次の文章の空欄に適切な語句を入れなさい。

(1)　（　①　）とは，顧客のニーズを満たすため，製品やサービスが売れる仕組みをつくることである。

(2)　人間がさまざまな不足を感じる状態のことを（　②　）という。

(3)　(②)を満たすための具体的な手段のことを（　③　）という。

(4)　(③)が実際の購入に結びついたものを（　④　）という。しかし，購買に結びつくとは限らないのは，製品やサービスの購買には，（　⑤　）が必要なためである。

(5)　顧客が製品やサービスを購入する際の負担のことを（　⑥　）という。

①＿＿＿＿＿＿＿＿　②＿＿＿＿＿＿＿＿　③＿＿＿＿＿＿＿＿

④＿＿＿＿＿＿＿＿　⑤＿＿＿＿＿＿＿＿　⑥＿＿＿＿＿＿＿＿

問2　次の文章の下線部について，正しい場合には○を，誤っている場合は正しい語句を記入しなさい。

(1)　「のどが渇いた」という<u>ウォンツ</u>を満たす製品を購入しようとする時に，製品の種類や価格などを比較して検討する。

(2)　マーケティングを学習するうえでは，<u>売り手</u>，<u>買い手</u>と交換のそれぞれの関係について理解しておく必要がある。

(3)　人間が生きていくために必要なニーズのことを<u>社会的</u>ニーズという。たとえば，空腹やのどの渇き，身体の疲れや健康であることなど。

(4)　自分以外の人間との関係にかかわるニーズのことを<u>個人的</u>ニーズという。たとえば，親，友人，恋人などとの関係のこと。

(5)　自分自身の生活の充実にかかわるニーズのことを<u>生理的</u>ニーズという。たとえば，娯楽や趣味，目標の実現などのこと。

(1)		(2)		(3)		(4)		(5)	

応用問題

問 「マーケティングの仕組み」を示した下の図1と「需要が発生するまでの流れ」を示した図2の(1)〜(6)にあてはまる語句を解答群から選び，その記号を書きなさい。

図1

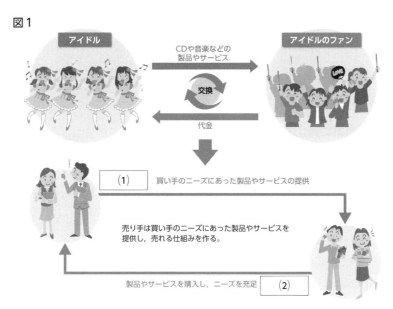

図2

【解答群】
　　ア．買い手　　イ．ニーズ　　ウ．コスト　　エ．売り手　　オ．ウォンツ　　カ．需要

(1) _____　(2) _____　(3) _____

(4) _____　(5) _____　(6) _____

第1・2節　総論③／マーケティングの歴史と発展

＊顧客価値とは　＊顧客満足とは　＊顧客の創造とは　＊近代的マーケティングの誕生
＊マーケティング理論の発展　＊マーケティング理論の確立

学習の要点

❶ 顧客価値と顧客満足の関係，顧客の創造について理解する。
❷ マーケティングの歴史を振り返って理解する。

[基本問題]

問1　次の文章の空欄に適切な語句を入れなさい。

(1) 顧客が製品やサービスに対して期待する価値のことを（　①　）という。

(2) （①）は，顧客が製品やサービスをとおして得る（　②　）が（　③　）よりも大きくなることで生まれる。

(3) 顧客が実際に製品やサービスを入手し，その価値が事前に感じていた期待と同じか，それよりも大きかった場合のことを（　④　）という。

(4) 「事業の目的は顧客の創造」であると述べたのは，オーストリア出身のアメリカの経営学者（　⑤　）である。著書に『（　⑥　）』がある。

(5) マーケティングが誕生したのは，19世紀末の（　⑦　）である。

① ＿＿＿＿　② ＿＿＿＿　③ ＿＿＿＿

④ ＿＿＿＿　⑤ ＿＿＿＿　⑥ ＿＿＿＿

⑦ ＿＿＿＿

問2　次の文章の下線部について，正しい場合には○を，誤っている場合は正しい語句を記入しなさい。

(1) 売り手の提供する製品やサービスから得られる<u>ウォンツ</u>のことを提供価値という。

(2) ケーキを購入するときの見た目が綺麗，味がいいといったベネフィットが顧客価値に結びつくためには，顧客が支払う<u>コスト</u>がベネフィットより低くなければならない。

(3) どれだけおいしいケーキでも価格があまりに高いと，<u>顧客価値は増加する</u>。

(4) 顧客価値が事前の期待よりも<u>大きかった</u>場合には，顧客は不満を感じ，その製品を継続して購入しようとは思わない。

(5) 顧客満足はリピーターの獲得に役立つため，企業はこれを意識した<u>マーケティング</u>をおこなう必要がある。

(1)		(2)		(3)		(4)		(5)	

〈 応用問題 〉

問 「顧客満足の考え方」を示した下の図の(a)〜(c)を，顧客満足の高い順に並べなさい。

〈 発展問題 〉

問 次の文章を読み，下記の問いに答えなさい。 (商業経済検定第34回修正)

　A社は，1890年に開業した，わが国を代表するホテルであり，最高レベルのサービスが受けられることで知られている。1910年に始めた日本初のホテル館内でのクリーニングサービスや，食べ放題の代名詞であるバイキングを生み出したのもA社とされている。また，ショッピングアーケードやホテルウェディングなども，A社が始めたものである。

　クリーニングサービスでは，とれかけたボタンは服から外してからクリーニングし，アイロンがけが終わった後にボタンを縫い付け直す。さらに，最初からとれていたボタンまで付ける。その際に，極力似た物を付けるため世界中のボタンを集めて保管している。

　A社は，ホテル業でありながら，宿泊客にここまでのサービスを提供して，(a)顧客の満足を得ることで，信頼と愛顧を高めている。

(1) 本文の主旨から，下線部(a)の説明として適切なものを，下のア〜ウから一つ選び記号を書きなさい。

　ア．ホテルのサービスに対して，顧客の宿泊前の期待値が，宿泊したときの実現値を上回ったときに，顧客はより大きな満足を得ることができる。

　イ．ホテルのサービスに対して，顧客が宿泊したときの実現値が，宿泊前の期待値を上回ったときに，顧客はより大きな満足を得ることができる。

　ウ．ホテルのサービスに対して，顧客の宿泊前の期待値と，宿泊したときの実現値が等しかったときに，顧客はより大きな満足を得ることができる。

(1)

第3節 マーケティングの理念①

＊マーケティング・コンセプトとは

学習の要点

❶ マーケティング・コンセプトの考え方について理解する。
❷ それぞれのコンセプトの概要について理解する。

基本問題

問1　次の文章の空欄に適切な語句を入れなさい。

(1)　マーケティングをおこなう際の基本的な考え方のことを（　①　）という。

(2)　製品を「つくりさえすれば売れる」という考え方のことを（　②　）という。

(3)　「よいものをつくれば売れる」という考え方のことを（　③　）という。

(4)　「どうすれば売れるか」という考え方のことを（　④　）という。

(5)　「顧客のニーズをできるだけ読み取って製品をつくりだそう」という考え方のことを
（　⑤　）という。

(6)　あらかじめ顧客のニーズを読み取って製品をつくりだしたほうが効率がよいという考え
方のことは（　⑥　）ともいわれる。

(7)　顧客のニーズを考慮せず，単純に作り出したものを販売するという考え方のことを
（　⑦　）という。

(8)　「製品の購入や消費が顧客のニーズだけでなく，社会のニーズを満たすことにつながる
か」という考え方のことを（　⑧　）という。

①　　　　　　　・　　　　　　　　②　　　　　　　　　　　　　　③

④　　　　　　　　　　　　　　　　⑤　　　　　　　　　　　　　　⑥　　　　　　　　　　　・

⑦　　　　　　　・　　　　　　　　⑧

問2　次の文章で正しいものには○を，誤っているものには×を記入しなさい。

(1)　「つくりさえすれば売れる」という考え方の場合，製品を大量生産できる設備をもつ企業
は，他社と比較して優位に立つことになる。

(2)　「よいものをつくれば売れる」という考え方の場合，多くの企業が大量に高品質な製品を
生産するため，顧客は製品の価格を比較・検討して選択することになる。

(3)　「どうすれば売れるか」という考え方の場合，製品の品質や機能に企業間で大きな違いが
生じないため，製品が売れ残らないよう販売活動やプロモーションに力を入れる企業が増
える。

(4) 「顧客のニーズをできるだけ読み取って製品をつくりだそう」という考え方の場合，製品をつくり販売することは利益を追求する企業にとっては重要なことであり，また，顧客においても自分のニーズに最もふさわしい製品を簡単に選択できることになる。

(5) マーケティングにおいては，あらかじめ顧客のニーズを読み取って製品をつくりだすマーケット・インよりも顧客のニーズを考慮せず，単純に作り出したものを販売するというプロダクト・アウトを意識することが重要といわれる。

(1)		(2)		(3)		(4)		(5)	

応用問題

問　次の事例は，マーケティング理念のどのような考え方の事例か，解答欄に書きなさい。

(1) A飲料の缶コーヒーである「ワンダ・モーニングショット」は，現在でも大人気商品である。

A飲料は，ビジネスマンに対する市場調査から，多くのビジネスマンは朝型生活を希望しており，朝の必需品として「ネット」「メール」「缶コーヒー」をあげるという結果が出た。その結果から，「朝に気軽に飲める缶コーヒーがほしい」というビジネスマンのニーズを導き出したA飲料は，そのニーズに応えて，「朝専用の缶コーヒー」と銘打った「ワンダ・モーニングショット」を開発した。

開発から10年以上たった現在でも，多くのビジネスマンに支持を受けている人気商品となった。

(1) _____

発展問題

問　次の文章を読み，下の問いに答えなさい。　　　　　　（商業経済検定第34回修正）

マーケティングの理念は，生産力そのものが価値であり，生産力の向上がマーケティング上の競争優位になるという「生産志向」が出発点となった。この「生産志向」から，品質の良い商品・サービスの生産や，その改良に重点を置く「製品志向」へ，そして，「販売志向」を重視するマーケティングに変化した。マーケティングの理念は，その後も変化を続け，近年では新たに(a)「社会志向」のマーケティングの理念が登場した。

(1) 下線部(a)の具体例として，次のなかから適切なものを一つ選びなさい。

　ア．ハンバーガー店で，環境負荷を軽減するため，持ち帰り商品を簡易包装に変更した。

　イ．ハンバーガー店で，ソース・ピクルス・オニオンの増量を，無料に変更した。

　ウ．ハンバーガー店で，夜間に来店したいという消費者の要望で，閉店時間を変更した。

(1) _____

第**3**節

マーケティングの理念②

＊非営利組織のマーケティング　＊ソーシャル・マーケティング
＊コーズ・リレーテッド・マーケティング

学習の要点

❶ マーケティングにはさまざまな種類があることを理解する。
❷ それぞれのマーケティングの具体例を探す。

[基 本 問 題]

問1　次の文章の空欄に適切な語句を入れなさい。

(1) 利益を得るために組織の外に向けて何らかの活動をおこない，活動をとおして獲得した利益を構成員に分配することを（　①　）という。

(2) （①）を追求しない組織がその存在を知らせたり，利用をしてもらったりするためにマーケティングがおこなわれることを（　②　）のマーケティングという。

(3) 1960年代から1970年代にかけて，地球環境保護や男女平等などの社会的課題への対応をマーケティングで取り上げるようになり，（　③　）・マーケティングという考え方が生まれた。

(4) 食料品が過剰に生産された結果，余ってしまい廃棄されてしまう問題のことを（　④　）あるいは，食品ロスともいわれる。

(5) （③）・マーケティングのうち，企業が製品の売上高の一部を寄付するなど，社会的に意義のある活動をおこなうことを（　⑤　）・マーケティングという。

①　　　　　　　　　　②　　　　　　　　　　③

④　　　　　　　　　　⑤　　　　　　　　　　・

問2　次の文章で正しいものには○を，誤っているものには×を記入しなさい。

(1) 企業は営利を追求するのが目的であり，その手段としてマーケティングが考えられていた時期には，学校や病院といった営利を追求しない組織には，マーケティングは関係ないものと考えられていた。

(2) 今日，学校や病院がポスターを電車の車内や駅構内に貼り出したり，看板を立ててその存在を知らせたりすることは，ごくまれな光景である。

(3) 航空輸送事業を展開する企業が，飛行機の機内販売で発生した清涼飲料水や食料品の余りを，児童養護施設の子どもなどに届けるNPOへ寄付する活動をおこなっていることは，非営利組織のマーケティングといわれる。

(4) コーズ・リレーテッド・マーケティングの特徴は，顧客の評価によって企業の取り組みの達成度が左右される点にある。

(5) ソーシャル・マーケティングは，アメリカの経営学者であるフィリップ・コトラー達によって提唱されたCSRの考えにつながっている。

(1)		(2)		(3)		(4)		(5)	

応用問題

問　次の文章は，どのようなマーケティングの事例か解答群から選び，その記号を書きなさい。

(1)　千葉県の流山市は，わが国の自治体ではじめてマーケティング課を設置したことで知られている。少子高齢社会でも発展し続けるまちを維持するために，市の認知度とイメージを向上させるためのプロモーションをおこなったり，緑あふれる住環境や子育てと仕事を両立できる環境整備をおこなったり，「都市から一番近い森のまち」という都市像の実現を図っている。

(2)　M製菓では，勉強をする環境が整っていない発展途上国の子どもたちのため，チョコレートを一箱購入するたびに1円を慈善団体に寄付するといった取り組みをおこなっている。

(3)　Sトリーでは，「工場で汲み上げる地下水よりも多くの水を生み出す森を育む」という目標を掲げ，2003年から森づくりをしている。特設サイト「天然水の森　人類以外採用」では，天然水の森に住む動物や植物を社員に見立て，豊かな水を生み出す森の生き物の営みや，同社の森を守る活動を紹介している。

(4)　秋田県にある国際教養大学には，「本と人との出会いの場となる劇場空間」としてデザインされた図書館が設置されている。この図書館は一般的な図書館とは異なり24時間365日開館して，学生たちの学ぶ意欲に応え，勉強に集中できる空間を提供している。

(5)　1983年アメリカン・エキスプレス社が実施した「自由の女神修復キャンペーン」では，アメリカン・エキスプレス社は，カードの新規契約1枚につき1ドル，カードの利用1回につき1セントを寄付するとした3か月間のキャンペーンを実施した。結果，計170万ドルの寄付をおこなうとともに，キャンペーン期間中，カード利用率は前年比28パーセント増，カードの新規取得者45パーセント増となり，大成功を収めた。

【解答群】
　ア．非営利組織のマーケティング
　イ．ソーシャル・マーケティング
　ウ．コーズ・リレーテッド・マーケティング

(1)　　　　　　　　　　　　　(2)　　　　　　　　　　　　　(3)

(4)　　　　　　　　　　　　　(5)

第**4**節 # 市場環境の変化とマーケティング①

＊PEST分析

学習の要点

❶ 企業をとりまく市場環境は複雑であることを理解する。

❷ PEST分析の概要について理解する。

[**基本問題**]

問1　次の文章の空欄に適切な語句を入れなさい。

(1)　企業は自社内外のさまざまな要素の影響を受けながらビジネスを展開する。こうした要素を総称して（　①　）という。(①)には，企業がコントロールできる（　②　）と，コントロールできない（　③　）に分けられる。

(2)　(③)には，人口の減少など企業がビジネスを展開する領域外の環境と，顧客ニーズや競合他社との競合状況など企業がビジネスを展開する領域内の環境がある。ビジネスを展開する領域内の環境を（　④　），領域外の環境を（　⑤　）といい，(⑤)を分析するフレームワークに（　⑥　）がある。

(3)　政権交代や法律の改正，外交関係など政治にかかわる環境のことを（　⑦　）という。

(4)　物価上昇率や株価，為替などの経済にかかわる環境のことを（　⑧　）という。

(5)　顧客のライフスタイルや慣習の変化，人口の増減などの社会にかかわる環境のことを（　⑨　）という。

(6)　さまざまな技術革新や特許権の取得など技術にかかわる環境のことを（　⑩　）という。

①＿＿＿＿＿＿　②＿＿＿＿＿＿　③＿＿＿＿＿＿　④＿＿＿＿＿＿

⑤＿＿＿＿＿＿　⑥＿＿＿＿＿＿　⑦＿＿＿＿＿＿　⑧＿＿＿＿＿＿

⑨＿＿＿＿＿＿　⑩＿＿＿＿＿＿

問2　次の文章の下線部について，正しい場合には○を，誤っている場合は正しい語句を記入しなさい。

(1)　医薬品の販売規制が緩和され，コンビニエンスストアでも医薬品の一部が販売できるようになったりするのは，技術的環境の影響である。

(2)　海外からカカオを仕入れることで菓子類を製造している企業が，円高が進行することで製品の安値販売が可能となるのは，政治的環境の影響である。

(3)　即席めんの製造会社が，薄味を好む関西地方と濃い味を好む関東地方の地域ごとに味の好みに対応する別のスープを提供し，売上高を伸ばそうとするのは，社会的環境の影響で

ある。

(4) インターネット上に仮想の商店街を設置することで、多額の出店料を得ている企業がある。これは、ビジネスの新しいかたちであり、政治的環境が与える影響が大きい。

(1)		(2)		(3)		(4)	

応用問題

問1　下の図は、マクロ環境を分析するフレームワークである。図の(1)〜(4)にあてはまる語句を解答群から選び、その記号を書きなさい。

(1)	企業の活動に関する法律の規制および緩和 国内外の政治の動向 など	(2)	景気や物価の動向 株価の変動 など
(3)	人口動態や流行の変化 ライフスタイルや文化の変化 など	(4)	企業の活動に影響を与える技術の開発 特許の有効期限 など

【解答群】
ア．Economics　　イ．Technology　　ウ．Politics　　エ．Society

(1) .... (2) .... (3) .... (4) ....

問2　PEST分析の事例である次の文章の①〜④にあてはまる語句を解答群から選び、その記号を書きなさい。

　化粧品の開発・販売をおこなうS社はわが国で多くの顧客から人気を集めており、海外での販売にも力を入れている。なかでも中国での売上高は上がっており、中国には高い化粧品需要がある。中国への化粧品販売の展開に成功した理由としては、

(1) わが国と中国が良い関係を築いていること（　①　）

(2) 中国は市場を開放していること（　②　）

(3) 中国において化粧品を使用する顧客が増加傾向にあること（　③　）

(4) 情報通信技術を用いたオンラインでの販売などが広まっていること（　④　）

なども挙げられる。

【解答群】
　ア．経済的環境　　イ．技術的環境　　ウ．政治的環境　　エ．社会的環境

① .... ② .... ③ .... ④ ....

第4節　市場環境の変化とマーケティング②

＊人口動態の変化とマーケティング　＊生産と消費の動向

学習の要点

❶ 人口動態はマーケティングに影響を与えることを理解する。

❷ 生産と消費の動向について理解する。

[基 本 問 題]

問1　次の文章の空欄に適切な語句を入れなさい。

(1) （　①　）の進行は，企業にとってコントロールできない社会的環境の一つである。2030年には，人口の約3割が65歳以上の高齢者になるという推計もある。

(2) 出生・死亡に伴う人口の動き（自然動態）と転入・転出に伴う人口の動き（社会動態）を合わせた人口増減の動きのことを（　②　）という。

(3) 年齢や性別，言語や文化，障がいの有無などに左右されず誰でも快適に利用できるようなデザインのことを（　③　）という。

(4) 第二次世界大戦後の復興と（　④　）にかけて，わが国では大量生産と大量消費をおこなう社会が形成された。

(5) 消費動向の変化に伴い，顧客がそれぞれ異なる消費傾向をとるようになった。たとえば自分がこだわりをもつ製品については価格が高くても購入するが，自分がこだわりをもたない製品については購入の際にあまり検討もせず，安価な製品を購入する（　⑤　）傾向がみられるようになった。

①＿＿＿＿＿＿＿＿　②＿＿＿＿＿＿＿＿　③＿＿＿＿＿＿＿＿

④＿＿＿＿＿＿＿＿　⑤＿＿＿＿＿＿＿＿

問2　次の文章の下線部について，正しい場合には○を，誤っている場合は正しい語句を記入しなさい。

(1) 超高齢社会の進行は，たとえば介護施設などの定員数が増加傾向になったり，学校の統廃合が進行したりする原因となり，企業にはコントロールできない経済的環境の一つである。

(2) ある食品メーカーは，ユニバーサルデザインの考えにもとづき，「食べる楽しさ」を提案するおいしい介護食を開発・販売している。

(3) 産業用ロボットが導入されて工場での作業が自動化され，生産の高度化が図られた結果，低コストで多品種少量生産が可能な時代を迎えている。

(4) 高齢者や足に障がいを抱える人であっても負担が少なく乗り降りできる自動車の開発を

おこない，シートが回転しながら傾く仕組みをつくりだした。これは，バリアフリーの考えにもとづく開発である。

(1)		(2)		(3)		(4)	

〈 発展問題 〉

問　次の文章を読み，問いに答えなさい。　　　　　　　　　　　　　　（商業経済検定第34回修正）

第二次世界大戦後のわが国の経済発展と，現代における消費の動向，及び生産の動向についてみてみる。

第二次世界大戦後の日本経済は，数々の転機を経験し，景気変動を繰り返しながら経済発展を遂げてきた。とくに，(a)1955年からの約20年間は，日本経済が大きく進展し，家計の所得水準も飛躍的に上昇した。さらに，その後も経済発展を続け現代に至っている。そして現在では，長く続くデフレーションからの脱却を目指している。

また，経済発展は，生産や流通，消費の動向に大きな影響を与えてきた。消費の動向について目を向けてみると，経済発展を遂げた現代では，(b)複数の企業が互いに競争することで市場に商品があふれ，消費者はそれらの商品のなかから選択して購入することができる，消費者に有利な市場となっている。また，現代の消費行動の特徴をみてみると，大量生産・大量消費の時代とは異なり，消費が多様化し，(c)消費の二極化傾向が一般化している。

一方，生産者である企業は，消費者のニーズやウォンツに対応しなければならない。今後も，経済発展，ライフスタイルや環境の変化などにより，消費の動向も変化を続ける。企業は，それらの変化に対して適切に対応していくことが，存続・発展につながるのである。

(1) 下線部(a)の時期は何と呼ばれているか，次のなかから適切なものを一つ選びなさい。
　ア．戦後復興期　　　イ．高度経済成長期
　ウ．安定成長期　　　　　　　　　　　　　　　　　　　(1) _____

(2) 下線部(b)のような市場を何というか，次のなかから適切なものを一つ選びなさい。
　ア．買い手市場　　　イ．寡占市場
　ウ．売り手市場　　　　　　　　　　　　　　　　　　　(2) _____

(3) 下線部(c)の説明として，次のなかから適切なものを一つ選びなさい。
　ア．低価格の商品やサービスの購入が増加し，高価格の商品やサービスの購入が減少する消費の傾向が顕著になること。
　イ．こだわりのある商品やサービスは高価格でも購入するが，こだわりのない商品やサービスは安価なものを購入する消費の傾向が顕著になること。
　ウ．購入量が多い季節や時期と，購入量が少ない季節や時期というように，季節や時期で購入量に差が生じる消費の傾向が顕著になること。

　　　　　　　　　　　　　　　　　　　　　　　　　　　(3) _____

第4節 市場環境の変化とマーケティング③

＊企業の社会的責任と消費者運動

学習の要点

❶ 消費者運動がマーケティングに与えた影響について考える。

❷ 消費者を守るさまざまな権利について理解する。

[基 本 問 題]

問1　次の文章の空欄に適切な語句を入れなさい。

(1) アメリカ合衆国第35代大統領ジョン・F・ケネディは，消費者や社会を（　①　）破壊・公害問題・（　②　）製品から保護するために「消費者の四つの権利」を提唱した。

(2) 「消費者の四つの権利」とは，1.（　③　）である権利，2.知らされる権利，3.（　④　）できる権利，4.（　⑤　）を反映させる権利をさす。

(3) ケネディ大統領の死後，リンドン・B・ジョンソン大統領は1965年に，物質的にも（　⑥　）にも十分に満足した社会を意味する「（　⑦　）なる社会」の構築を提唱した。

(4) 同時にジョンソン大統領は，消費者の権利の確立のために，消費者を守り，（　⑧　）を向上させることは，企業に課せられた義務であるとした。

(5) 第38代大統領ジェラルド・R・フォードは，消費者の四つの権利に，新たに五つめの権利として5.（　⑨　）を受ける権利を追加した。

(6) さらに1980年，国際消費者機構（CI）が，6.生活の（　⑩　）が保障される権利，7.（　⑪　）を求める権利，8.健康な環境を求める権利を追加し，権利は八項目となった。

(7) 我が国では，2004年施行の（　⑫　）に，これらの権利が明記されている。

① _____	② _____	③ _____	④ _____
⑤ _____	⑥ _____	⑦ _____	⑧ _____
⑨ _____	⑩ _____	⑪ _____	⑫ _____

問2　次の文章の下線部について，正しい場合には○を，誤っている場合は正しい語句を記入しなさい。

(1) 製品やサービスの生産は，「消費者のためにおこなわれるべきである」という考え方のことを，コンシューマリズムという。

(2) 生産志向が優勢な時代は「つくりさえすれば売れる」という考え方をとる企業が多く，自然環境に対して配慮が足りずに公害問題が発生したりしたことなどに対し，消費者運動が展開された。

(3) 企業が生産する工業製品の品質を管理する基準のことを<u>JAS</u>規格という。

(4) 企業が生産する製品やサービスの品質を管理するシステムのことを<u>品質マネジメントシ</u>
<u>ステム</u>という。

(1)		(2)		(3)		(4)	

〈 **発展問題** 〉

問　次の文章を読み，問いに答えなさい。　　　　　　　　　　　　（商業経済検定第33回修正）

　生産者は，第二次世界大戦後における_(a)<u>高度経済成長期の消費者の需要</u>に対応するために，素材の革新や新しい技術による新製品の開発，既存製品の改良などに力を注いだ。さらに，高度経済成長期前は，注文を受けて個別に生産が行われる注文生産方式が一般的であったが，生産現場のオートメーション化が進み，大量生産が可能になると，需要を予測し，生産者主導で同種製品を大量生産する生産方式により，大量消費に対する構造が確立された。

　しかし，同時に環境破壊や公害問題，欠陥商品などによる消費者被害で，生活がおびやかされる事態が生じた。このような事態に直面して，_(b)<u>コンシューマリズム</u>という思想が現れた。この思想は，1962年に_(c)<u>第35代アメリカ合衆国大統領</u>が提唱した「消費者の四つの権利」に由来する。このような思想が高まり，広がりをみせるなか，売り上げを伸ばしたり，市場シェアを拡大したりすることが困難となり，市場は飽和状態となった。

(1) 下線部(a)の説明として，次のなかから最も適切なものを一つ選びなさい。

　ア．諸外国の経済発展により，海外から生活用品をはじめ耐久消費財に至るまで，あらゆる商品が輸入されたことで，輸入量が急速に増大しわが国の経済規模が拡大した。

　イ．国内の産業が，製造業中心からサービス業中心へ移行したことで，急速にサービス経済化が進展しわが国の経済規模が拡大した。

　ウ．技術革新を一つの原動力として，国内の重化学工業分野を中心とする産業が発展し，その比重が大きくなったことで，わが国の経済規模が拡大した。

(1) ----------

(2) 下線部(b)の説明として，次のなかから最も適切なものを一つ選びなさい。

　ア．生産者の生産効率を最優先に考えるべきであるとする思想

　イ．流通業者の利益を最優先に考えるべきであるとする思想

　ウ．消費者の権利や利益を最優先に考えるべきであるとする思想

(2) ----------

(3) 下線部(c)に記された大統領は誰か，次のなかから正しいものを一つ選びなさい。

　ア．ジョンソン（L.B.Johnson）　イ．ケネディ（J.F.Kennedy）　ウ．フォード（G.R.Ford）

(3) ----------

第4節 市場環境の変化とマーケティング④⑤

＊グローバル化とは　＊グローバル化とマーケティング　＊情報化とは

学習の要点

❶ グローバル化について理解する。
❷ グローバル化とマーケティングのかかわりについて理解する。
❸ 情報化によってマーケティングは多様化している。

[基 本 問 題]

問1　次の文章の空欄に適切な語句を入れなさい。

(1) ヒト・モノ・カネ・情報の国境を越えた移動が活発になり，各国が相互に頼り合う傾向が強まることを（　①　）という。

(2) （①）によって取引相手が多様化するとともに（　②　）も拡大する傾向にある。

(3) 海外のマーケティングにおいて，世界を複数の市場に分割してそれぞれの市場に適合したマーケティングを展開することを（　③　）といい，世界を一つの市場とみて世界に共通するマーケティングを展開することを（　④　）という。

(4) （③）と（④）のどちらかに限定しておこなうのではなく，両方の要素を取り込みながらマーケティングをおこなう考え方を（　⑤　）という。

(5) 今日，顧客はスマートフォンで多くの情報を得ることができる。このように社会全体に情報があふれることを（　⑥　）という。

(6) （⑥）に対応しながら，上手に情報を発信・受信しておこなわれるマーケティングのことを（　⑦　）という。

①	②	③	④

⑤	⑥	⑦　　・

問2　次の文章の下線部について，正しい場合には○を，誤っている場合は正しい語句を記入しなさい。

(1) 製品やサービスをインターネット上で販売するサイトのことを<u>ECサイト</u>という。

(2) ECサイトのようなプラットフォームをつくって，そこに多くの企業に出店してもらい，利用する顧客を増やしていくビジネスのことを<u>サイバービジネス</u>という。

(3) 情報化の発展は，スマートフォンや温度センサー，レジスターなどあらゆるモノをインターネットで接続しようとする<u>BtoC</u>という構想を生み出した。

(1)		(2)		(3)	

~~~~~~~~~~~~~~~~~~~~~~~~~~ （ 応 用 問 題 ） ~~~~~~~~~~~~~~~~~~~~~~~~~~

問 次の文章は，マーケティングにかかわるさまざまな事例である。どのような概念の事例か解答群から選び，その記号を書きなさい。

(1) 日本のある味噌メーカーは，海外60以上の国々の好みやライフスタイルにあわせた味噌を開発することで，世界の健康的な食生活の実現に貢献している。

(2) 日本からフランスにラーメン店を出店する場合，フランス人の味覚にあわせて味をその都度かえていくというマーケティングを展開している。

(3) アメリカのある企業は，開発した清涼飲料水の味をかえずにそのまま世界各国に持ち込んで販売している。自国と同じ製造方法を海外でも採用してコスト削減を図っている。

(4) 出店する空間を探している企業に低価格でインターネット上に仮想店舗を提供する。出店する企業が増えれば増える分だけ，顧客はさまざまな企業から自身のニーズにあった製品やサービスを購入できる。

【解答群】

　ア．プラットフォーマー　イ．グローバルマーケティング　ウ．現地化　エ．標準化

(1) _____　(2) _____　(3) _____　(4) _____

~~~~~~~~~~~~~~~~~~~~~~~~~~ 〈 発 展 問 題 〉 ~~~~~~~~~~~~~~~~~~~~~~~~~~

問 次の表はサービス系分野のBtoC-ECの市場規模をあらわしたものである。表中の(1)～(3)に入る適切な語句を解答群から選び，その記号を書きなさい。

	分類	市場規模（億円）下段：前年比	
		2019年	2020年
①	(1) サービス	38,971 4.8%	15,494 ▲60.2%
②	(2) サービス	7,290 14.3%	5,975 ▲18.0%
③	チケット販売	5,583 14.3%	1,922 ▲65.6%
④	(3) サービス	5,911 1.9%	6,689 13.2%
⑤	理美容サービス	6,212 26.1%	6,229 0.3%
⑥	フードデリバリーサービス	7,706	3,487
⑦	その他（医療、保険、教育等）	9.0%	6,036
	合計	71,672 7.8%	45,832 ▲36.1%

※経済産業省「令和2年度産業経済研究委託事業（電子商取引に関する市場調査）」による

【解答群】

　ア．飲食　イ．旅行　ウ．金融

(1) _____　(2) _____　(3) _____

第4節　市場環境の変化とマーケティング⑥⑦

＊サービス化の進展　＊地球環境問題　＊エコ・マーケティング　＊SDGs

学習の要点

❶ サービス業に従事する人が増加傾向にあることを理解する。
❷ 経済のサービス化の背景を理解する。
❸ マーケティングが地球環境にどのような影響をもたらすか理解する。
❹ SDGsの考えがマーケティングにどのような影響をもたらすか考える。

[基本問題]

問　次の文章の空欄に適切な語句を入れなさい。

(1)　製品（有形財）だけでなく，人間の活動も顧客の役に立ち，ニーズやウォンツを満たすことができる。このような顧客にとって役に立つ活動を（　①　）という。

(2)　今日，第三次産業の比重が増加していることは，（　②　）のサービス化が進展していることの指標として用いられる。

(3)　（②）のサービス化が進展した背景には，所得水準の上昇と（　③　）の増加によりサービスへの需要が増加しているという事情がある。

(4)　国民所得の増加につれて産業構造が第一次産業から第二次産業，さらに第三次産業へと比重を移していく法則のことを（　④　）の法則という。

(5)　大量生産と大量消費は，地球の（　⑤　）や水質の悪化，酸性雨などの（　⑥　）を引き起こした。

(6)　（⑥）に世界各国が協調して課題解決に向かう動きは，マーケティングにも影響を与え，（　⑦　）マーケティング志向のもと，マーケティング展開する企業が増加している。

(7)　製品の企画，開発，プロモーションをおこなううえで，環境への影響を最小限に抑えて製品やサービスを提供することを（　⑧　）という。

(8)　今日さらに視野を広げ，世界全体での貧困や飢餓への対応，健康と福祉の保障なども解決すべき社会的課題として注目されており，これは（　⑨　）といわれている。

(9)　地球上の資源を使いすぎることなく，地球環境を守りながら豊かに暮らしていけるような持続可能な社会のことを（　⑩　）な社会という。

①　　　　　②　　　　　③　　　　　④

⑤　　　　　⑥　　　　　⑦

⑧　　　・　　　　⑨　　　　　⑩

問1　次の文章を読み，問いに答えなさい。 （商業経済検定第29回修正）

　わが国は，従来とは異なる新たな消費社会の到来を向かえている。その変化のなかで，消費傾向として消費者の欲求が「モノ」から「コト」へとシフトしていることがあげられる。これは，消費者がモノの豊かさを実現したことにより，次はコト（サービスや体験）を通じて精神的な豊かさを求めるようになっている結果といえる。このため，(a)従来のようにモノとしての商品を売るだけではなく，サービスや体験を通して，楽しさや喜びを提供する新たなビジネスモデルへの転換が求められている。

(1)　本文の主旨から，下線部(a)の具体例として，次のなかから適切なものを一つ選びなさい。

　ア．靴メーカーのA社は，インターネット販売に際して，顧客が配達された靴を試し履きして，気に入らなければ送料無料で返品することができる戦略を打ち出している。

　イ．スーパーのB社は，店舗内に子どもの遊び場や料理教室など，サービス業のテナントを増やし，商品の購入とともに施設で過ごすことに楽しみを見出す戦略を打ち出している。

　ウ．通信販売業のC社は，継続的に利用される食料品，調味料，日用品などを対象に，一度購入手続きをすれば，希望する頻度で定期的に配送する戦略を打ち出している。

(1) _____

問2　次の文章を読み，問いに答えなさい。 （商業経済検定第32回修正）

　A社は，世界各地に生産拠点をもち，倉庫のような大型店舗で組み立て式家具の販売を手掛ける世界最大級の家具量販店であり，さまざまな取り組みによって企業価値を高めている。

　まず，A社は(a)利益を追求するだけでなく，企業活動が社会へ与える影響に責任をもち，商品の安全性はもちろん，法令遵守や環境保全，情報公開など，消費者や投資家，そして社会全体からの要求に対して適切な意思決定を行っている。例えば，環境保全では，発泡スチロールを使わずに段ボールを立体的に組んだ緩衝材を設計し，石油消費量を削減して環境に対する社会的な責任を果たしている。また，綿の調達では栽培時に節水に努め，化学肥料や殺虫剤の使用を控えた綿だけを採用し，グローバル規模で綿栽培のサプライチェーンを改善する役割を果たしている。こうした取り組みによって，(b)環境への影響を最小限に抑えて製品やサービスを提供することにつながっている。

(1)　下線部(a)のような企業の取り組みを何というか，次のなかから正しいものを一つ選びなさい。

　ア．CSR　　イ．OEM　　ウ．O2O　　　　(1) _____

(2)　下線部(b)を何というか，カタカナ9文字で，正しい用語を完成させなさい。

(2) _____・_____

第5節 マーケティングのプロセス①②

＊3つの基本戦略とは　＊アンゾフのマトリクスとは

学習の要点

❶ マーケティング戦略を考えるときの3つの考え方を理解する。
❷ 経営資源に余裕がある企業ほどコスト・リーダーシップ戦略が有利になる。
❸ 新しいビジネスの機会をどのように見つけるかを理解する。
❹ アンゾフのマトリクスについて理解する。

[基 本 問 題]

問1　次の文章の空欄に適切な語句を入れなさい。

(1)　製品やサービスを顧客に購入してもらうには，自社と競合他社を比較し，自社がどの部分で優位に立てるか考える必要がある。この考え方をマーケティングの3つの（　①　）という。

(2)　製品やサービスの生産や流通にかかる費用をできるだけ下げることで，製品やサービスを低価格で大量に販売し，売上高を伸ばす戦略を（　②　）**戦略**という。

(3)　(②)**戦略**は大量生産できることが前提のため，（　③　）に余裕がある企業ほど有利な戦略である。

(4)　競合他社の製品やサービスに簡単に真似されない独自の良さをつくることで，優位に立とうとする戦略を（　④　）の戦略という。

(5)　製品やサービスを購入してほしい特定の顧客層を決めて，その顧客層に対し(②)**戦略**か(④)の戦略をおこなうことを（　⑤　）**戦略**という。

(6)　競合他社が多数存在し，製品やサービスを激しい競争を繰り広げて提供する市場を（　⑥　）・オーシャンといい，従来の製品やサービスの価値を見直し，新しい価値を創出することで生み出された市場を（　⑦　）・オーシャンという。

(7)　企業の成長戦略を顧客と製品やサービスの2つの視点からとらえて分析したのが，アンゾフの（　⑧　）である。

(8)　アンゾフの(⑧)は，（　⑨　）を縦軸に，（　⑩　）を横軸にとって，それぞれが既存なのか新規なのかで区別してマトリクスを作成する。

①＿＿＿＿＿＿＿＿　②＿＿＿・＿＿＿　③＿＿＿＿＿＿＿

④＿＿＿＿＿　⑤＿＿＿＿＿　⑥＿＿＿＿＿　⑦＿＿＿＿＿

⑧＿＿＿＿＿＿＿　⑨＿＿＿＿＿＿＿　⑩＿＿＿＿＿＿＿

問2　次の文章について，正しい場合には○を，誤っている場合は×を記入しなさい。

(1)　既存の顧客に対して，既存の製品やサービスを提供する戦略を市場浸透（戦略）という。既存の製品やサービスの販売促進強化などがこれにあたる。

(2)　新たな顧客に対して，既存の製品やサービスを提供する戦略を新製品・サービス開発（戦略）という。これまで対象としていた顧客層とは別の顧客層に既存の製品やサービスを販売したりする場合がある。

(3)　既存の顧客に対して，新たな製品やサービスを提供する戦略を市場開拓（戦略）という。新技術を用いた新しい製品開発やモデルチェンジなどで買い替え需要を狙う場合などが相当する。

(4)　新たな顧客に新たな製品やサービスを提供する戦略を多角化（戦略）という。たとえばコンビニエンスストアが銀行業に参入したりする場合を指す。

(1)		(2)		(3)		(4)	

〈 応 用 問 題 〉

問　次の図は，国産食材にこだわって和食を提供するレストランチェーンがアンゾフのマトリクスを使用して自社分析をしたものである。図中の(1)～(4)にあてはまる語句を解答群から選び，その記号を書きなさい。

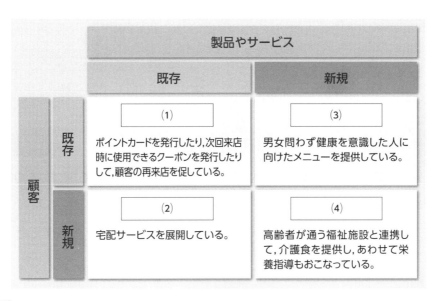

【解答群】
　ア．新製品・サービス開発（戦略）　　　イ．市場浸透（戦略）
　ウ．市場開拓（戦略）　　　　　　　　　エ．多角化（戦略）

(1) _____　　(2) _____　　(3) _____　　(4) _____

第5節 マーケティングのプロセス③

＊マーケティング環境分析

学習の要点

❶ ミクロ環境の分析においてよく使われる分析方法を理解する。
❷ 実際の業界を取り上げてファイブ・フォース分析（5F分析）をしてみる。

───────────────［ 基 本 問 題 ］───────────────

問　次の文章の空欄に適切な語句を入れなさい。

(1)　マーケティングの基本戦略を立てるうえで，ミクロ環境の分析はかかせない。このとき
　　用いられるフレームワークが，（　①　）や（　②　）である。

(2)　（①）とは，（　③　）=customer，（　④　）=competitor，（　⑤　）=companyの
　　3つの頭文字をとったもので，企業はこの3つの視点から市場を分析する。

(3)　（②）（5F分析）とは，❶（　⑥　）❷（　⑦　）❸（　⑧　）の交渉力❹（　⑨　）
　　の交渉力❺業界内の（　⑩　）の5つの要素を分析し，経営資源の配分や新市場への新規
　　参入の意思決定をしやすくすることをいう。

① _____　② _____ ・ _____　③ _____ ・ _____

④ _____　⑤ _____　⑥ _____

⑦ _____　⑧ _____　⑨ _____　⑩ _____

～～～～～～～～～～～～～(応 用 問 題)～～～～～～～～～～～～～

問1　3C分析を示した下の図の(1)〜(3)にあてはまる内容を解答群から選び，その記号を書き
　　なさい。

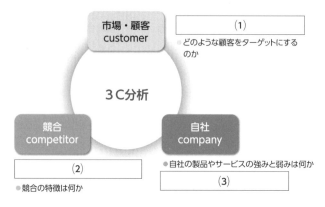

【解答群】

ア．自社の経営資源は十分かどうか

イ．どのようなニーズがあるのか

ウ．競合はどのような製品やサービスを展開しているのか

(1) _____　　(2) _____　　(3) _____

問2　パーソナルコンピュータのファイブ・フォース分析を示した下の図の⑴〜⑸にあてはまる内容を解答群の中から選び，その記号を書きなさい。

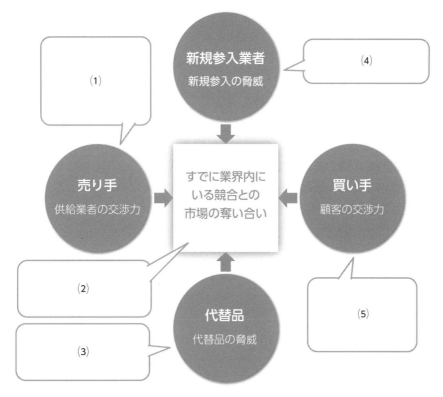

【解答群】

ア．参入企業が多く，業界内の企業同士の競争は激しい。

イ．家庭用も職場用も購入できる製品の選択肢は多く，買い手の交渉力は強い。

ウ．スマートフォンやタブレットが人気を集めており，代替品の脅威は大きい。

エ．低価格化が進み，新規参入の脅威は小さい。

オ．パソコンの製作には不可欠な部品やソフトがあるため，売り手の交渉力は強い。

(1) _____　　(2) _____　　(3) _____　　(4) _____

(5) _____

第5節 マーケティングのプロセス④

＊SWOT分析　＊クロスSWOT分析

学習の要点

❶ 市場環境の代表的な分析方法にSWOT分析がある。

❷ SWOT分析では自社における問題点や改善点を詳しくみることができる。

[基本問題]

問　次の文章の空欄に適切な語句を入れなさい。

(1) SWOT分析は，自社にとっての（　①　），（　②　），（　③　），（　④　）の4つの要素を軸に現状分析をおこなうフレームワークである。

(2) SWOT分析は，はじめに市場環境を（　⑤　）と（　⑥　）の2つに分け，次に（⑤）と（⑥）を構成するさまざまな要素をマトリクスにして分析していく。

(3) （　⑦　）分析とは，自社にとって弱みと脅威を可能な限り最小限に抑え，機会にめぐりあったときに自社の強みを最大限にどう活かせるか分析する方法である。

(4) たとえば強みと機会を組み合わせた場合，強みを活用した（　⑧　）な戦略を立案し，弱みと脅威を組み合わせた場合，脅威から自社を守る（　⑨　）な戦略を検討する。

① _____　② _____　③ _____　④ _____

⑤ _____　⑥ _____　⑦ _____　⑧ _____

⑨ _____

{ 応用問題 }

問1　クロスSWOT分析を示した下の図の(1)〜(4)にあてはまる内容を解答群から選び，その記号を書きなさい。

	Strength（強み）	Weakness（弱み）
Opportunity（機会）	強み × 機会 ▼ (1)	弱み × 機会 ▼ (2)
Threat（脅威）	強み × 脅威 ▼ (3)	弱み × 脅威 ▼ (4)

【解答群】

ア．弱みを補強して機会を捉える

イ．強みを活かして差別化する

ウ．防衛的な戦略を検討する

エ．強みを活かして機会を捉える

(1) _____ (2) _____ (3) _____ (4) _____

問2　あるスポーツジムをSWOT分析した具体例を示した下の図の(1)〜(4)にあてはまる内容を解答群の中から選び，その記号を書きなさい。

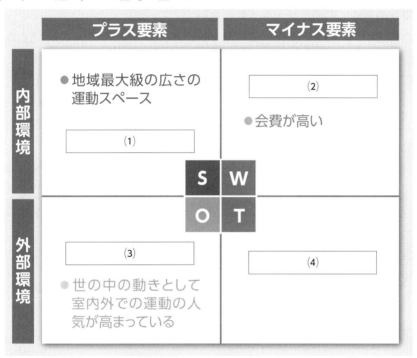

【解答群】

ア．●プールのスペースが狭い

イ．●ヨガや体操などの習い事系のプログラムが充実

ウ．●競合店が増えている

エ．●スポーツジム運営地域の人口が増加傾向にある

(1) _____ (2) _____ (3) _____ (4) _____

第5節 マーケティングのプロセス⑤

＊PPM分析

学習の要点

❶ 自社の分析をおこなう際は，限られた経営資源をどう扱うかが大きな検討事項である。

❷ 市場成長率と市場占有率によって，製品やサービスを4つに分類することができる。

[基 本 問 題]

問1　次の文章の空欄に適切な語句を入れなさい。

(1) 複数の製品やサービスを提供する企業が，経営資源の配分が最も効率的となる組み合わせを決定する分析方法を（　①　）分析という。

(2) 具体的には，縦軸に（　②　），横軸に（　③　）をとり，製品やサービスの位置づけを（　④　），（　⑤　），（　⑥　），（　⑦　）の4つに分類してマトリクスを作成する。

(3) （④）とは，市場成長率も市場占有率も（　⑧　）ため，企業としては現状を維持したい製品やサービスといえる。

(4) （⑤）とは，市場成長率は低いが市場占有率は高いため，経営資源をあまり配分しないわりに（　⑨　）が大きい製品やサービスといえる。

(5) （⑥）とは，市場成長率は高いが市場占有率は低いため，（　⑩　）が必要な製品やサービスといえる。

(6) （⑦）とは，市場成長率も市場占有率も低いので，利益が少ないかわりに（　⑪　）の配分も必要ない製品やサービスといえる。

①	②	③	④
⑤	⑥	⑦	⑧
⑨	⑩	⑪	

問2　次の文章で正しいものには○を，誤っているものには×を記入しなさい。

(1) PPM分析において花形に位置づけられる商品やサービスは，得られる利益が大きい分，市場占有率を維持するために多くの経営資源を配分する必要がある。

(2) PPM分析において金のなる木に位置づけられる商品やサービスは，市場成長率が高いため経営資源を配分する必要があるが，市場占有率が低いので，現状を維持するための経営資源を配分する必要もある。

(3)　PPM分析において問題児に位置づけられる商品やサービスは，状況をみて，利益を得るために何ができるか，できなければ市場から撤退すべきかを検討する必要がある。

(4)　PPM分析において負け犬に位置づけられる商品やサービスは，経営資源をあまり配分しないため，この状態で利益を大きく保つ戦略が必要となる。

(1)		(2)		(3)		(4)	

応用問題

問　PPM分析のマトリクスを示した下の図を参考に，ある家電メーカーのPPM分析をした。図の(1)～(4)にあてはまるイラストとその理由を解答群から選び，記号を書きなさい。

【解答群】
イラスト
ア. 　イ. 　ウ. 　エ.

理由
ア．市場占有率は高いが，目新しさがなく多くの家庭に普及し，市場成長率は低い。
イ．最新機能を備え，目新しさから市場成長率が高く，市場を独占している。
ウ．スマートフォンやタブレットに位置づけを取られている。
エ．市場占有率は低いが，文化的イベントの開催で需要の高まりが予想される。

(1)　イラスト ＿＿＿＿＿　理由 ＿＿＿＿＿　(2)　イラスト ＿＿＿＿＿　理由 ＿＿＿＿＿

(3)　イラスト ＿＿＿＿＿　理由 ＿＿＿＿＿　(4)　イラスト ＿＿＿＿＿　理由 ＿＿＿＿＿

第5節 マーケティングのプロセス⑥

＊STP分析とは　＊セグメンテーションとは

学習の要点

❶ 市場環境を分析したあとは，顧客の分析をする。
❷ 顧客の分析方法として代表的なものにSTP分析がある。

[基本問題]

問1　次の文章の空欄に適切な語句を入れなさい。

(1) 顧客のニーズを調べることは，顧客の（　①　）や（　②　）などがそれぞれ異なるためとても難しい。

(2) はじめに顧客を何らかの（　③　）をもとに細かく分ける。次にそのなかから特定の顧客にねらいを定める。そしてその顧客に，自社の製品やサービスに対して良いイメージをもってもらうように（　④　）の製品やサービスとの（　⑤　）を働きかける。

(3) 上記の一連の流れをそれぞれ（　⑥　），（　⑦　），（　⑧　）といい，それぞれの頭文字をとって（　⑨　）分析という。

(4) 顧客を何らかの基準でグループに分けることを（⑥）といい，このグループ分けの基準として，（　⑩　）基準・（　⑪　）基準・（　⑫　）基準・（　⑬　）基準などがある。

①	②	③	④	⑤

⑥	⑦	⑧

⑨	⑩	⑪	⑫	⑬

問2　次の文章の下線部について，正しい場合は○を，誤っている場合は正しい語句を記入しなさい。

(1) 選び抜いた市場で，自社製品が他社製品より良いイメージをもってもらえるよう働きかけることを<u>セグメンテーション</u>という。

(2) 細かく分けた（細分化した）市場の中から，自社が有利だと思われる市場を選び出すことを<u>ターゲティング</u>という。

(3) 何らかの基準をもとに市場を細かく分ける（細分化する）ことを<u>ポジショニング</u>という。

(1)		(2)		(3)	

問　ある化粧品市場のセグメンテーションの例を示した下の図の⑴〜⑷にあてはまる言葉を解答群から選び，その記号を書きなさい。

⑴	10代　20代　30代　40代　50代　60代以上
⑵	国内　海外
⑶	できるだけ安くすませたい　なるべくお金をかけたい　新しいものがよい　有名なものがよい
⑷	朝に使用する　香りがする　一度も使ったことがない　製品に対して信頼をよせている
	夜に使用する　香りがしない　一度は使ったことがある　製品に対して無関心である

【解答群】
　　ア．行動的基準　　イ．心理的基準　　ウ．地理的基準　　エ．人口統計的基準

⑴ ----------------　⑵ ----------------　⑶ ----------------　⑷ ----------------

発 展 問 題

問　次の文章を読み，下の問いに答えなさい。　　　　　　　（商業経済検定第32回修正）

　大手化学メーカーのＡ社は，新たに洗髪剤のシャンプー市場へ参入するため，これまでの技術を活かして商品開発を計画している。

　まず，(a)A社は，市場全体を「世帯構成」の基準によって部分市場に分割するセグメンテーションという作業を行った。顧客のニーズは，商品の利用頻度や求める便益などの顧客特性によって異なるからである。シャンプーの市場はさまざまなニーズから構成されており，そのニーズのすべてを同じように満たすことは難しい。したがって，Ａ社は次の作業として，(b)市場全体を顧客特性に基づいて細分化した市場のなかから，Ａ社の存続と成長にとって最も有利な顧客層を，４人世帯や会社勤めをしている20代女性の単身世帯として選び出した。

⑴　本文の主旨から，下線部(a)の説明として，次のなかから適切なものを一つ選びなさい。
　　ア．Ａ社は，市場全体を年齢や性別，職業などの人口統計的基準によって部分市場に分割した。
　　イ．Ａ社は，市場全体を居住地域や人口密度などの地理的基準によって部分市場に分割した。
　　ウ．Ａ社は，市場全体を性格やライフスタイルなどの心理的基準によって部分市場に分割した。　　　　　　　　　⑴ ----------------

⑵　下線部(b)を何というか，次のなかから適切なものを一つ選びなさい。
　　ア．マーチャンダイジング　　イ．ターゲティング　　ウ．ポジショニング

　　　　　　　　　　　　　　　　　　　　　　　　　　⑵ ----------------

第5節 マーケティングのプロセス⑦

＊ターゲティングとは　＊ポジショニングとは

学習の要点

❶ セグメンテーションをしたあとはターゲティングをおこなう。
❷ ターゲティングとは，標的市場の選定のことである。

[基本問題]

問　次の文章の空欄に適切な語句を入れなさい。

(1) セグメンテーションによって，顧客をグループに分けたあとは，自社の製品やサービスを購入してくれそうなセグメントを選び出す。この作業を（　①　）という。

(2) このとき，単一のセグメントのみに集中する場合もあれば，（　②　）のセグメントを対象とする場合もある。

(3) 市場にはすでに多くの（　③　）がいる場合がほとんどで，(③)とは異なる自社の製品やサービスの独自の良さを（　④　）となる顧客に覚えてもらう必要がある。

(4) (③)との差別化をおこなうことを（　⑤　）といい，この検討をするときによく使われるのが，（　⑥　）である。

(5) (⑥)とは，何らかの二つの要素を縦軸と横軸に設定し，自社と競合他社の（　⑦　）でのポジショニング（立ち位置）を明らかにしていくものである。

(6) 顧客が製品やサービスの購入を検討するときに参考にする品質や価格などの要素のことを（　⑧　）要因という。

(7) 自社の製品やサービスの独自の良さのことを（　⑨　）という。(⑨)はUnique Selling Propositionの略である。

①　_____　　②　_____　　③　_____　　④　_____

⑤　_____　　⑥　_____　・_____　　⑦　_____

⑧　_____　　⑨　_____

〈 発展問題 〉

問1　次の文章を読み，下の問いに答えなさい。　　(商業経済検定第32回修正)

　A社は新たな顧客を獲得するためにSTPを行った。まず，人口統計的基準や行動的基準などの顧客特性に基づいて市場を細分化する作業を行い，次に，その細分化した市場のなかから，(a)自社が対象とする顧客層を選び出した。この顧客層はとくに「かわいい」を重視して購買す

る特徴がある。これに加えて，自社の強みである「高機能」，「低価格」をかけ合わせた商品を開発することで差別化をはかり，独自の位置づけをしていくことにしたのである。A社は，これらの新商品を取り揃えるカジュアル色の強い店舗をオープンさせ，若者を中心に女性客を獲得しようと試みたのである。

(1) 下線部(a)の作業はSTPのうちどれにあたるか，次のなかから適切なものを一つ選びなさい。
  ア．セグメンテーション　　イ．ターゲティング　　ウ．ポジショニング

　　　　　　　　　　　　　　　　　　　　　　　　　(1) _____

問2　次の文章を読み，下の問いに答えなさい。　　　　　　　　（商業経済検定第34回修正）

　企業は，売上高や利益の増加，利益率の向上，需要の開拓，イメージの向上などのマーケティング目標を達成するため，マーケティング計画を策定する。その活動の中心となるのが，セグメンテーション，ターゲティング，(a)ポジショニングという一連の三つの作業と，商品計画，販売価格，販売経路（チャネル），販売促進（プロモーション）などの戦略である。

(1) 下線部(a)の説明として，次のなかから適切なものを一つ選びなさい。
  ア．自社の商品やサービスに，競合他社の商品やサービスに対抗できる付加価値を加えて差別化を図ること。
  イ．マーケティング活動を行うための市場を，分割された複数の部分市場のなかから，自社が対象とする顧客層を選別すること。
  ウ．市場全体を一定の基準によって，似通ったニーズや性質をもついくつかの部分市場に細分化すること。
　　　　　　　　　　　　　　　　　　　　　　　　　(1) _____

問3　次の文章を読み，下の問いに答えなさい。　　　　　　　　（商業経済検定第32回修正）

　A社は標的にする顧客層を明確にしたあと，(a)商品の価値の違いを出すポジショニングという作業に入った。商品に対するイメージを分析し，仕上がり感や香り，ダメージケアという知覚マップ上で確認した結果，他社がポジショニングしていない場所，すなわち香りを重視しつつ，さらさらな仕上がりになるシャンプーを市場に送り出すことができれば，新たな市場への参入が可能になると考え，さっそく商品開発に取り組むことにした。

(1) 下線部(a)の目的として，次のなかから最も適切なものを一つ選びなさい。
  ア．自社商品に関する書き込みができるユーザーコミュニティを設置することで，顧客の意見を集め，競争優位性を実現するため。
  イ．自社商品の製品計画において，あらゆる局面で環境保全に配慮し，循環型社会の確立に取り組むことで，競争優位性を実現するため。
  ウ．自社商品が他社商品と異なる価値をもっていることを明確にして，商品のコモディティ化を回避し，競争優位性を実現するため。
　　　　　　　　　　　　　　　　　　　　　　　　　(1) _____

第5節　マーケティングのプロセス⑧⑨

＊4P政策とは　＊統合的なマーケティング　＊管理とは何か　＊計画の必要性
＊検証（点検）と改善の重要性

学習の要点

❶ STPをおこなったあとは，4P政策をおこなう。
❷ マーケティング管理，PDCAサイクルについて理解する。

[基 本 問 題]

問　次の文章の空欄に適切な語句を入れなさい。

(1)　STPを通して，標的とする主要な顧客層と優位性や独自性確保の目安がたてられたあとは，顧客層への具体的な働きかけを検討する。そのさい，「何を売るのか」（　①　），「いくらで売るのか」（　②　），「どのように製品やサービを顧客に届けるか」（　③　），「どのように知ってもらうか」（　④　）を考えなければならない。

(2)　(1)の4つの政策の頭文字をとって（　⑤　）といい，4つの政策の組み合わせを考えることを（　⑥　）という。

(3)　（⑥）を展開する場合に重要なことは，4つの政策の（　⑦　）であり，全体として一貫したイメージを顧客がもてるように工夫しなければならない。こうした一連の取り組みを（　⑧　）なマーケティングという。

(4)　マーケティングのプロセスにおける管理とは，最初に（　⑨　）を立案し，(⑨)を（　⑩　）（実行）したあとに（　⑪　）（点検）する。そして（　⑫　）すべき点があれば，それを次に活用することをいう。このプロセスを（　⑬　）サイクルという。

(5)　マーケティング実施後に，「こんなはずではなかった」ということもある。計画の内容と実際の結果を検証して，ズレの内容を的確に把握できれば，次のマーケティングを効果的に（　⑭　）することができる。

① _____　② _____　③ _____

④ _____　⑤ _____　⑥ _____

⑦ _____　⑧ _____　⑨ _____　⑩ _____

⑪ _____　⑫ _____　⑬ _____　⑭ _____

[応 用 問 題]

問　次のページのPDCAサイクルを表した図の(1)〜(4)にあてはまる内容を解答群から選び，そ

の記号を書きなさい。

【解答群】
ア．立てた計画を実際におこなう　　イ．計画内容がうまく進んでいるかを振り返る
ウ．計画を立てる　　　　　　　　　エ．計画内容の改善をおこなう

(1) _____　(2) _____　(3) _____　(4) _____

〈 発 展 問 題 〉

問1　次の文章を読み，下の問いに答えなさい。 　　　　　　　　（商業経済検定第34回修正）

　企業がおこなうマーケティング計画の中心となるのが，STP分析の作業と，商品計画，販売価格，販売経路（チャネル），販売促進（プロモーション）などの戦略である。とくにマーケティング計画の策定にあたり，(a)マーケティング目標の効果的な実現にむけて，全体として相乗効果が発揮されるように，商品計画，販売価格，販売経路，販売促進を組み合わせることが必要となる。

(1)　下線部(a)を何というか，次のなかから適切なものを一つ選びなさい。
　　ア．トータル・マーケティング　　イ．プロモーション・ミックス
　　ウ．マーケティング・ミックス　　　　　　　　　　　　(1) _____

問2　次の文章を読み，下の問いに答えなさい。 　　　　　　　　（商業経済検定第36回修正）

　A社は市場調査をおこない，売上目標を設定し，さらに売上目標高を達成するため，営業所別に販売割当を設定した。夏になり新製品が発売され，販売活動が実施に移ると，(a)売上目標高を達成するための販売割当が着実に達成されているかどうかを評価し，必要に応じて改善する販売統制を行った。A社の「塩レモンタブレット」は，製品自体の魅力と社員の努力，綿密な販売計画によりその夏のヒット商品となった。

(1)　下線部(a)を販売計画のなかのPDCAサイクルとしてみた場合，どの段階に当てはまるか，次のなかから適切なものを一つ選びなさい。
　　ア．PDCAサイクルのD（Do）とC（Check）の段階に当てはまる。
　　イ．PDCAサイクルのC（Check）とA（Act）の段階に当てはまる。
　　ウ．PDCAサイクルのA（Act）とP（Plan）の段階に当てはまる。
　　　　　　　　　　　　　　　　　　　　　　　　　　　(1) _____

第1節　消費者行動①②

＊消費者行動の重要性　＊購買行動と消費行動　＊心理的要因

学習の要点

❶ 消費者行動の概要，消費者行動には二面性があることを理解する。
❷ 消費者行動は4つの要因に左右されることを理解する。
❸ 心理的要因は4つに分類されることを理解する。

[基 本 問 題]

問1　次の文章の空欄に適切な語句を入れなさい。

(1) 消費者が自分のニーズやウォンツを満たすために製品やサービスを購入し，使用し，処分するという一連の行動を（　①　）という。

(2) （①）を完全に把握することは難しいが，どのような製品やサービスを（　②　）すればよいか，どのような（　③　）が望ましいか，どのような（　④　）であれば効率よく製品やサービスを届けられるか，どのような（　⑤　）であれば製品やサービスに興味をもつのかということをある程度把握しなければ，マーケティングが無駄になる。

(3) 消費者行動には二面性がある。製品やサービスを認知してから購買するまでの（　⑥　）と，購買した製品やサービスを使用して処分するまでの（　⑦　）である。

(4) たとえば，家族でスーパーマーケットを訪れたとき，家族の一人ひとりは異なる人格をもつため，消費者行動も異なる。これはそれぞれの消費者の価値観や生活環境が異なることから生じる。こうした消費者行動の違いは，（　⑧　）要因・（　⑨　）要因・（　⑩　）要因・（　⑪　）要因の4つからもたらされる。

① _____　② _____　③ _____

④ _____　⑤ _____　⑥ _____

⑦ _____　⑧ _____　⑨ _____

⑩ _____　⑪ _____

問2　次の文章の下線部分について，正しい場合には〇を，誤っている場合は正しい語句を記入しなさい。

(1) 消費者が光や色，音，におい，味，触覚などさまざまな外部刺激を受け取り，それに反応することを記憶という。

(2) たとえば，何らかの料理をつくるとき，一度でもその料理をつくったことのある消費者

は，自分の頭のなかの記憶を頼りにして材料を買ったりする。これを<u>態度</u>という。

(3) 何らかの経験によって消費者が自分の行動を変化させることを<u>学習</u>という。

(4) 消費者が自分の好き嫌いなどについてしっかりとした考えをもち，評価をくだすことを<u>知覚</u>という。

(1)		(2)		(3)		(4)	

応用問題

問 AIDMA理論を表した下の図の(1)～(4)にあてはまる内容を解答群から選び，その記号を書きなさい。

【解答群】
　ア．製品やサービスに興味をもつ　　イ．実際に製品やサービスを購入する
　ウ．製品やサービスの存在に気づく　エ．製品やサービスを欲しいと思う

(1) ----------------　(2) ----------------　(3) ----------------　(4) ----------------

発展問題

問 次の文章を読み，下の問いに答えなさい。　　　　　　　（商業経済検定第33回修正）

　カレーライス専門店を経営するAは，効果的に集客し，売り上げを伸ばしていくためにはどうしたらよいか悩んでいた。

　そこでAは，消費者に店舗の存在を知ってもらうところから，来店してもらうところまでの一連の購買心理を考えてみた。Aの考えは，(a)「はじめに，消費者は何らかのきっかけで店舗に<u>注意</u>を向け，どんな種類のカレーライスがあるのか<u>興味</u>をもち，そして，その興味が，店舗前の食品サンプルを見たり，メニューを知ったりすることで，食べたいという<u>欲求</u>へと変わり，さらに店舗の存在を認知してもらうため，ホームページの充実で消費者の<u>記憶</u>に残り，やがて<u>来店するという行動をとる</u>」というものである。最終的に満足してもらうことで，次の来店につながり，さらには，口コミ（クチコミ）の効果も期待できると考えた。

(1) 下線部(a)の購買心理の理論を何というか，次のなかから適切なものを一つ選びなさい。
　ア．AIDMA理論　　イ．AIDAS理論　　ウ．AIDA理論　　(1) ----------------

第1・2節　消費者行動③④／消費者関与

＊文化的要因　＊個人的要因　＊社会的要因　＊消費者関与とは

学習の要点

❶　文化的要因には，文化・サブカルチャー・社会階層がある。

❷　個人的要因には，年齢や経済状態などがある。

❸　準拠集団は消費者の判断や行動に影響を与える。

❹　地位や役割が消費者行動を左右する。　❺　消費者関与は，購買行動に影響をおよぼす。

[基 本 問 題]

問1　次の文章の空欄に適切な語句を入れなさい。

(1)　私たちが毎日学校に通ったり，買い物に出かけたりする生活の送り方を（　①　）といい，（①）がある集団に定着したものを（　②　）という。

(2)　趣味や居住地域，世代など特定の消費者の集団がもつ独特の文化のことを（　③　）（下位文化）という。

(3)　年齢，職業，所得など，消費者を分類するための複数の要素のことを（　④　）という。マーケティングを展開するときは，（④）をもとに消費者を分類することがある。

①＿＿＿＿＿＿＿＿＿＿　②＿＿＿＿＿＿＿＿＿＿　③＿＿＿＿＿＿＿＿＿＿

④＿＿＿＿＿＿＿＿＿＿

問2　次の文章は消費者行動における個人的要因の例を示したものである。どのような要因の事例か解答群から選び，その記号を書きなさい。

(1)　食べ物であれば，味の好みや食事の量は年を重ねるごとに変わっていくことがある。

(2)　消費者行動において，高級品の購入やブランドの選択に大きく影響するとされている。

(3)　消費者が製品やサービスを購買するかどうかは，個人の就業状態や雇用形態などによって変わってくる。

(4)　部屋のなかにはあまり物や家具をおかないという人もいれば，物や家具をたくさんおくという人もいる。

(5)　病院で働いている人にとっては，医薬品や医療機器は必需品である。このように特定の人にとって，欠かせない製品やサービスがある。

【解答群】

ア．ライフスタイル（生活様式）　　イ．パーソナリティ　　ウ．経済状態　　エ．職業

オ．年齢やライスステージ

(1)＿＿＿＿＿　(2)＿＿＿＿＿　(3)＿＿＿＿＿　(4)＿＿＿＿＿　(5)＿＿＿＿＿

問3　次の文章は消費者行動における社会的要因の例を示したものである。空欄に適切な語句を入れなさい。

(1)　たとえば，Aさんは家族全員が毎朝パンを食べる家庭で育ったため，自然と朝ごはんにはパンを食べることが多い。このとき，Aさんの朝ごはんにパンを食べるという行為は，家族という（　①　）から影響を受けているといえる。

(2)　一般に，ある製品やサービスを購入するとき，生活必需品であれば普段から使用するものなので（①）の影響は（　②　）が，宝石などの高級品の場合は（①）の影響は（　③　）。

(3)　人の目に触れにくい製品やサービスであれば（①）の影響は（　④　）が，人の目に触れやすい製品やサービスであれば（①）の影響は（　⑤　）と考えられている。

(4)　消費行動において，その消費者の立ち位置や社会全体に対して特定の集団に所属することを示すことは（　⑥　）として重要になる。

①　_____　　②　_____　　③　_____　　④　_____

⑤　_____　　⑥　_____　・

応用問題

問　消費者関与をまとめた下の表の(1)～(4)にあてはまる内容を解答群から選び，その記号を書きなさい。

関与の高い行動	関与の低い行動
(1)	(2)
たくさんの店舗をめぐる。	できるだけ行動範囲を狭くして，一つの店舗で済ませようとする。
一度手に入れた製品は大事に扱う。	製品が壊れたり欠陥があったりした場合でもあまり気にならない。
好みのブランドがあるが，別のブランドの製品も試そうという気持ちがある。	好みのブランドはなく，購入するたびに，ブランドを変更することもある。
(3)	(4)

【解答群】
　ア．製品を選ぶときにはあまり時間をかけない。
　イ．製品を選ぶときによく時間をかけて検討する。
　ウ．こだわりがないので，製品の購入にあたって事前に情報を収集することはない。
　エ．購入を検討する製品について，事前に情報を収集する。

(1)　_____　　(2)　_____　　(3)　_____　　(4)　_____

第3節 購買意思決定プロセス①

＊購買意思決定プロセス　＊問題認識

学習の要点

❶ 消費者の購買意思決定には5つのプロセスがある。
❷ 消費者ごとに購買行動は異なる。

[基 本 問 題]

問　次の文章の空欄に適切な語句を入れなさい。

(1)　消費者が製品やサービスを購入する前後の一連の流れのことを（　①　）**プロセス**という。

(2)　一般に（①）**プロセス**は，（　②　）・（　③　）・（　④　）・（　⑤　）・（　⑥　）の5つに分類される。

(3)　すべての消費者がこの5つのプロセスどおりに行動するわけではない。消費者は（③）や（④）をおこなわずに購買することがある。これを（　⑦　）**行動**という。

(4)　消費者が商品を購入する必要があるという状況に気づいたとき，はじめて商品を購入しようという気持ちが生まれる。これを（　⑧　）という。

(5)　（⑧）は，食欲や睡眠欲といった生理的な現象を解決したいという（　⑨　）**購買動機**と他者からの理解や評価を得たいといった（　⑩　）**購買動機**に分けられる。

(6)　また，具体的に消費者がどのようなベネフィットを得ようとしているのかという考え方から（⑧）はさらに二つに分けることができる。一つ目は，製品の機能や特徴を重視した（　⑪　）**購買動機**である。

(7)　二つ目は，製品を購入して消費すること自体に楽しみや喜びを求める（　⑫　）**購買動機**である。

(8)　（⑧）に関連して，アメリカの心理学者アブラハム・（　⑬　）は，人間の欲求は低次の欲求から高次の欲求へと，ピラミッドのように積み重なっていくものだと提唱した。この考えを（⑬）の（　⑭　）という。

① _____　② _____　③ _____

④ _____　⑤ _____　⑥ _____

⑦ _____　⑧ _____　⑨ _____

⑩ _____　⑪ _____　⑫ _____

⑬ _____　⑭ _____

{{ 応 用 問 題 }}

問1 購買意思決定プロセスの流れを示した下の図の(1)〜(4)にあてはまる内容を解答群から選び，その記号を書きなさい。

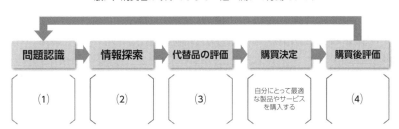

【解答群】

ア．どの製品やサービスを選べばいいのかを考える
イ．製品やサービスの良い点や悪い点について考えて，評価する
ウ．何かのきっかけで不足しているものがあることに気づく
エ．必要な情報を収集する

(1) .... (2) .... (3) .... (4) ....

問2 マズローの欲求段階説を示した下の図の(1)〜(4)にあてはまる語句を解答群から選び，その記号を書きなさい。

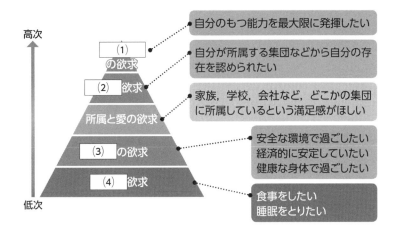

【解答群】

ア．承認　　イ．生理的　　ウ．自己実現　　エ．安全

(1) .... (2) .... (3) .... (4) ....

第 **3** 節

購買意思決定プロセス②③

＊情報探索　＊代替品の評価　＊購買決定　＊購買後の評価

学習の要点

❶　消費者が製品の情報を調べることを情報探索という。
❷　得られた情報をもとに消費者は代替品の評価をおこなう。
❸　他者の態度や予測することが不可能な状況によって，購買決定が左右される。
❹　購買後の消費者の評価により，製品やサービスの価値が変わることを理解する。

───────────────［ **基 本 問 題** ］───────────────

問1　次の文章の空欄に適切な語句を入れなさい。

(1)　製品やサービスを購入することで，自分の抱える問題を解決しようとする消費者は，購買意思決定プロセスにおいて，製品やサービスについて情報収集をはじめる。このプロセスを（　①　）という。

(2)　（①）は消費者の内部と外部のそれぞれでおこなわれる。消費者の内部でおこなわれる情報探索を（　②　）といい，消費者の外部でおこなわれる情報探索を（　③　）という。

(3)　（　④　）とは消費者自身がこれまでに経験したことから得られる情報であり，（　⑤　）とは消費者自身の家族や友人から得られる情報などを指す。

(4)　一般に消費者自身がこだわりをもつ製品やサービスについては，（　⑥　）は慎重におこない，こだわりがない場合は，（⑥）には時間やコストをかけないことが多い。

①　_____　②　_____　③　_____

④　_____　⑤　_____　⑥　_____

問2　次の文章は，購買意思決定プロセスおいてどのような状況を表したものか，解答群から適切な語句を選び，記号を書きなさい。

(1)　消費者の購買決定には，身近な人間や世間一般の人間が購入を検討している製品やサービスに対してどのような態度をとっているかが影響を与える。

(2)　代替品の評価に時間をかけて購入を決めても，在庫がなかったりすると，購入する気がなくなってしまうことがある。また，低価格の生活用品などがたまたまレジ前に陳列されているのを見て，勢いで購入してしまうような非計画購買もある。

(3)　消費者が製品やサービスについて満足できたかできなかったかで評価の確認をすることができる。評価の過程で，消費者は本当にその製品やサービスを購入してよかったのだろうかと思い悩むことがある。

【解答群】

　　ア．予測不可能な状況　　イ．認知的不協和　　ウ．他者の態度

(1)　　　　　　　　　　　　　　　(2)　　　　　　　　　　　　　　　(3)

〈 発 展 問 題 〉

問　次の文章を読み，問いに答えなさい。　　　　　　　　（商業経済検定第32回一部修正）

　今年の10月で結婚25年の節目を迎える両親に，何かお祝いの贈り物がしたいと考えていたA
は，ある日，駅の通路に掲示してある大きなポスターが目に留まった。そこには，東北の観光
名所の写真に「東北へ行こう」と書かれていた。(a)Aは，「これだ，温泉好きの両親を，結婚記
念日に東北の温泉旅行へ招待しよう」と思った。

　早速，各旅行会社が企画している東北旅行プランを調べることにした。翌日，(b)Aは駅や観
光案内所に置いてあるパンフレットを集めたり，旅行会社のホームページを調べたりして情報
を収集した。資料を見る限り，宿泊数や行き先，ホテルの種類などさまざまなコースが用意さ
れている。(c)各旅行会社が提案している商品が数多くあるなか，一社に絞り込むのにかなり時
間がかかった。Aは希望商品を決定し，(d)旅行会社に連絡を取り，三人分のチケットを予約し
た。決め手はやはり(e)購入する商品やサービスからどのような便益を得ようとしているのかと
いう基準から，理性的購買動機である，旅行行程，温泉の効用，料理の質を重視したのである。

(1)　本文の主旨から，下線部(a)・(b)・(c)・(d)を購買決定プロセスとしてみた場合，どの段階
　　といえるか，次のなかから正しい組み合わせを一つ選びなさい。
　　ア．(a)問題認識（問題認知）・(b)情報探索・(c)代替品の評価・(d)購買決定
　　イ．(a)問題認識（問題認知）・(b)代替品の評価・(c)情報探索・(d)購買決定
　　ウ．(a)問題認識（問題認知）・(b)情報探索・(c)購買決定・(d)購買後の評価

(1)

(2)　下線部(e)に記された理性的購買動機の説明として，次のなかから適切なものを一つ選び
　　なさい。
　　ア．消費者が主観的で感覚的な特性を重視し，商品やサービスに快楽を求める購買動機の
　　　　こと
　　イ．消費者が客観的な特性を重視し，商品やサービスに機能や品質などを求める購買動機
　　　　のこと
　　ウ．消費者が生命を維持する上で，商品やサービスの必要性を感じたとき生ずる購買動機
　　　　のこと

(2)

第4節 製品の普及過程

＊製品やサービスの採用者の区分

学習の要点

❶ 製品やサービスを購入する消費者は採用者と言い換えられることを理解する。

❷ 採用者は価値観や購買時期の違いによって5つに分類される。

[**基本問題**]

問　次の文章の空欄に適切な語句を入れなさい。

(1) 新しい製品やサービスは消費者からの評価が定まっておらず，購入に対して未知のリスクがあるが，その製品やサービスの目新しさなどに注目してすぐに購入する消費者のことを（　①　）採用者という。

(2) （①）採用者の多くは（　②　）が高く，（　③　）が強い。

(3) （①）採用者ほどではないが，新しい製品やサービスを先取りしようとする消費者のことを（　④　）採用者という。

(4) （④）採用者の多くは，他人の消費行動に影響を与える（　⑤　）としての役割を果たす。

(5) （④）採用者によって新しい製品やサービスの情報が広められると，発売当初の未知のリスクが減少する。この時に購入を決める消費者のことを（　⑥　）追随者という。

(6) （⑥）追随者が製品やサービスを購入したあとではじめて，購入を決める消費者のことを（　⑦　）追随者という。

(7) 多くの消費者が製品やサービスを購入したのにもかかわらず，新しい製品やサービスを購入しようとしない消費者のことを（　⑧　）という。

(8) アメリカの学者エベレット・ロジャースが提唱した製品の普及に関する理論を（　⑨　）理論という。

(9) （④）採用者と（⑥）追随者の間には，製品が売れるか売れないかの境目となる深く大きな溝があるとされ，アメリカの学者ジェフリー・ムーアが普及率（　⑩　）の壁（キャズム）と呼んだ。

①＿＿＿＿＿＿　②＿＿＿＿＿＿　③＿＿＿＿＿＿　④＿＿＿＿＿＿

⑤＿＿＿＿＿＿　⑥＿＿＿＿＿＿　⑦＿＿＿＿＿＿

⑧＿＿＿＿＿＿　⑨＿＿＿＿＿＿　⑩＿＿＿＿＿＿

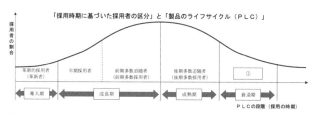

問　次の文章を読み，下記の問いに答えなさい。　　　　　　　　　　（商業経済検定第35回修正）

　現在は「スマートフォン」の利用者が多いが，ここでは「ガラケー」の採用過程と製品のライフサイクルについて，A社の販売戦略から考えてみる。

　ガラケーの成長期前半になると，新製品の採用者は一般大衆向けにシフトする。(a)この段階で購入してくれる集団を早期採用者といい，ほかの消費者への社会的影響力が非常に大きい。成長期の後半になり，さらに成熟期へと移行していくには，早期採用者に追随する大衆の存在が不可欠である。この段階の顧客層を前期多数追随者という。この段階でA社は，いち早く大量生産に移行し，販売価格を引き下げ他社との競争に打ち勝つことができた。その後，後期多数追随者という顧客層の段階に入るとライフサイクルは成熟期まで到達する。

　成熟期が過ぎると，最後に衰退期となる。衰退期になっても購入しない保守的な消費者のことを　①　と呼ぶ。(b)衰退期では，売上高は減少し利益も得られなくなっていき販売活動はうまくいかないが，逆に思考を変えることで，新たな市場においてビジネスチャンスがうまれるともいわれている。

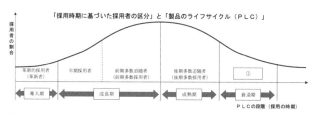

「採用時期に基づいた採用者の区分」と「製品のライフサイクル（PLC）」

(1)　下線部(a)の理由として，次のなかから最も適切なものを一つ選びなさい。

　　ア．早期採用者は，社内の製品開発担当者で構成されており，製品の種類・品質・使用方法など幅広い知識をもっているから。

　　イ．早期採用者は，ほかの消費者の購買行動に影響を与える信頼されている人々であり，クチコミの中心となるオピニオンリーダーになりやすいから。

　　ウ．早期採用者は，自然や環境の保全を目標に，広く社会や文化に貢献しようと具体的な行動を起こそうとしているから。　　　　　　　　　　　　　　　(1)

(2)　文中の①および上図の①に共通して入るものとして，漢字5文字で書きなさい。

　　　　　　　　　　　　　　　　　　　　　　　　　　　　　　　(2)

(3)　下線部(b)の具体例として，次のなかから適切なものを一つ選びなさい。

　　ア．X社は，インターネットによる音楽配信サービスよりも，アナログの音質にこだわる高齢世代のレコード愛用者のため，中古レコードプレーヤーを販売している。

　　イ．Y社は，作業服中心の品揃えから，低価格で機能性の優れたアウトドアウェアを開発し，カジュアルウェア中心の専門店を開業して販売している。

　　ウ．Z社は，子どもや高齢者も簡単な操作で手軽に利用できるゲームアプリを開発し，室内で家族や友人と一緒に楽しめるコミュニケーションツールとして販売している。

　　　　　　　　　　　　　　　　　　　　　　　　　　　　　　　(3)

第5節　購入後の満足とロイヤリティの形成

＊顧客の維持　＊リレーションシップ・マーケティング

学習の要点
- ❶ 企業が顧客を維持することの重要性を理解する。
- ❷ リレーションシップ・マーケティングの概要を理解する。

[基 本 問 題]

問1　次の文章の空欄に適切な語句を入れなさい。

(1) 企業もしくは企業のつくりだす製品やサービスに対して顧客が抱く思い入れのことを（　①　）という。

(2) 企業が顧客の（①）を獲得して維持することで，長期間にわたって良い関係を維持し，取り引きを続けようとするマーケティングのことを（　②　）・マーケティングという。

(3) 顧客の（①）を獲得して維持する方法は主に3つある。一つ目は，自社以外の企業の製品やサービスに乗り換えることができないような（　③　）を設けることである。

(4) 二つ目は，顧客が提供したアイデアから企業が新たな製品やサービスをつくりだすことで顧客と企業の間に連帯感を生み出す。つまり顧客との（　④　）である。

(5) 三つ目は，企業が自社の情報管理システム上に，顧客の年齢・性別・購買情報などを保存して，それらの情報をもとに顧客一人ひとりとつながりを強める（　⑤　）・マネジメントである。

①　　　　　　　　　　　　②　　　　　　　　　　　　③

④　　　　　　　　　　　　⑤　　　　　　　　　・

問2　次の文章はリレーションシップ・マーケティングの事例であるが，どのような内容の事例か解答群から選び，記号を書きなさい。

(1) 以前に購入した製品やサービスに関連したおすすめ製品やサービスを知らせたり，購入を促すクーポンをアプリケーションやメールで配信したりする。

(2) 顧客が製品やサービスを購入する際にコストがかかると，コストをかけた分もったいないという意識が働いて，簡単に他の企業の製品やサービスに乗り換えようとしない。

(3) 顧客が自分のアイデアがもとになってつくりだされた製品やサービスにロイヤリティをもち，継続して企業の製品やサービスを購入するようになる。

【解答群】
　ア．障壁の設定　イ．顧客との価値共創　ウ．カスタマー・リレーションシップ・マネジメント

(1)　　　　　　　　　　　　(2)　　　　　　　　　　　　(3)

[商業719]

マーケティング　ワークブック

別冊解答

東京法令出版

| 第1章 |
現代市場とマーケティング

第1節 総論①②

(ワークブックp.4〜5)

[基本問題]

問1　①マーケティング　②ニーズ　③ウォンツ（欲求）　④需要　⑤購買力　⑥コスト

問2　(1)ニーズ　(2)○　(3)生理的　(4)社会的　(5)個人的

(応用問題)

問　(1)エ　(2)ア　(3)イ　(4)オ　(5)ウ　(6)カ

第1・2節 総論③/マーケティングの歴史と展開

(ワークブックp.6〜7)

[基本問題]

問1　①顧客価値　②ベネフィット　③コスト　④顧客満足　⑤ドラッカー　⑥マネジメント　⑦アメリカ

問2　(1)ベネフィット　(2)○　(3)減少する　(4)小さかった　(5)○

(応用問題)

問　(b)→(a)→(c)

〈 発展問題 〉

問　(1)イ

第3節 マーケティングの理念①

(ワークブックp.8〜9)

[基本問題]

問1　①マーケティング・コンセプト　②生産志向　③製品志向　④販売志向　⑤マーケティング志向　⑥マーケット・イン　⑦プロダクト・アウト　⑧社会的マーケティング志向

問2　(1)○　(2)×　(3)○　(4)×　(5)×

(応用問題)

問　(1)マーケット・イン

〈 発展問題 〉

問　(1)ア

第3節 マーケティングの理念②

(ワークブックp.10〜11)

[基本問題]

問1　①営利　②非営利組織　③ソーシャル　④フードロス　⑤コーズ・リレーテッド

問2　(1)○　(2)×　(3)×　(4)○　(5)○

(応用問題)

問　(1)ア　(2)ウ　(3)イ　(4)ア　(5)ウ

第4節 市場環境の変化とマーケティング①

(ワークブックp.12〜13)

[基本問題]

問1　①市場環境　②内部環境　③外部環境　④ミクロ環境　⑤マクロ環境　⑥ＰＥＳＴ分析　⑦政治的環境　⑧経済的環境　⑨社会的環境　⑩技術的環境

問2　(1)政治的　(2)経済的　(3)○　(4)技術的

(応用問題)

問1　(1)ウ　(2)ア　(3)エ　(4)イ

問2　①ウ　②ア　③エ　④イ

第4節 市場環境の変化とマーケティング②

(ワークブックp.14〜15)

[基本問題]

問1　①超高齢社会　②人口動態　③ユニバーサルザイン　④高度経済成長期　⑤消費の二極化

問2　(1)社会的　(2)ユニバーサルデザインフード　(3)○　(4)ユニバーサルデザイン

〈 発展問題 〉

問　(1)イ　(2)ア　(3)イ

第4節 市場環境の変化とマーケティング③

(ワークブックp.16〜17)

[基本問題]

問1　①環境　②欠陥　③安全　④選択　⑤意見　⑥精神的　⑦偉大　⑧生活の

質　⑨消費者教育　⑩基本的ニーズ
⑪救済　⑫消費者基本法
問2　(1)消費者主権　(2)○　(3)ＩＳＯ　(4)○

〈 発 展 問 題 〉
問　(1)ウ　(2)ウ　(3)イ

第4節　市場環境の変化とマーケティング④⑤
（ワークブックp.18〜19）

[基 本 問 題]
問1　①グローバル化　②商圏　③現地化
④標準化　⑤複合化　⑥情報化
⑦デジタル・マーケティング
問2　(1)○　(2)プラットフォーム・ビジネス
(3)ＩoＴ

[応 用 問 題]
問　(1)イ　(2)ウ　(3)エ　(4)ア

〈 発 展 問 題 〉
問　(1)イ　(2)ア　(3)ウ

第4節　市場環境の変化とマーケティング⑥⑦
（ワークブックp.20〜21）

[基 本 問 題]
問　①サービス　②経済　③余暇　④ペティ
＝クラーク　⑤温暖化現象　⑥地球環境
問題　⑦社会的　⑧エコ・マーケティン
グ　⑨ＳＤＧｓ　⑩サステナブル

〈 発 展 問 題 〉
問1　(1)イ
問2　(1)ア　(2)エコ・マーケティング

第5節　マーケティングのプロセス①②
（ワークブックp.22〜23）

[基 本 問 題]
問1　①基本戦略　②コスト・リーダーシッ
プ　③経営資源　④差別化　⑤集中
⑥レッド　⑦ブルー　⑧マトリクス
⑨顧客　⑩製品やサービス
問2　(1)○　(2)×　(3)×　(4)○

[応 用 問 題]
問　(1)イ　(2)ウ　(3)ア　(4)エ

第5節　マーケティングのプロセス③
（ワークブックp.24〜25）

[基 本 問 題]
問　①3Ｃ分析　②ファイブ・フォース分析
③市場・顧客　④競合　⑤自社　⑥新規
参入業者　⑦代替品　⑧買い手　⑨売り
手　⑩競合他社

[応 用 問 題]
問1　(1)イ　(2)ウ　(3)ア
問2　(1)オ　(2)ア　(3)ウ　(4)エ　(5)イ

第5節　マーケティングのプロセス④
（ワークブックp.26〜27）

[基 本 問 題]
問　①強み　②弱み　③機会　④脅威
⑤内部環境　⑥外部環境　⑦クロスＳＷ
ＯＴ　⑧積極的　⑨防衛的

[応 用 問 題]
問1　(1)エ　(2)ア　(3)イ　(4)ウ
問2　(1)イ　(2)ア　(3)エ　(4)ウ

第5節　マーケティングのプロセス⑤
（ワークブックp.28〜29）

[基 本 問 題]
問1　①ＰＰＭ（プロダクト・ポートフォリ
オ・マネジメント）　②市場成長率
③市場占有率　④花形　⑤金のなる木
⑥問題児　⑦負け犬　⑧高い　⑨利益
⑩育成　⑪経営資源
問2　(1)○　(2)×　(3)×　(4)×

[応 用 問 題]
問　(1)ア→イ　(2)ウ→ア　(3)イ→エ
(4)エ→ウ

第5節　マーケティングのプロセス⑥
（ワークブックp.30〜31）

[基 本 問 題]
問1　①年齢　②職業　③基準　④競合他社

3

⑤差別化　⑥セグメンテーション
⑦ターゲティング　⑧ポジショニング
⑨ＳＴＰ　⑩人口統計的　⑪地理的
⑫心理的　⑬行動的
問2　(1)ポジショニング　(2)○　(3)セグメン
　　テーション

【 応用問題 】
問　(1)エ　(2)ウ　(3)イ　(4)ア

【 発展問題 】
問　(1)ア　(2)イ

第5節　マーケティングのプロセス⑦
（ワークブックp.32～33）

【 基本問題 】
問　①ターゲティング　②複数　③競合他社
　　④ターゲット　⑤ポジショニング
　　⑥ポジショニング・マップ　⑦市場
　　⑧購買決定　⑨ＵＳＰ

【 発展問題 】
問1　(1)イ　　問2　(1)ア　　問3　(1)ウ

第5節　マーケティングのプロセス⑧⑨
（ワークブックp.34～35）

【 基本問題 】
問　①製品政策　②価格政策　③チャネル政
　　策　④プロモーション政策　⑤4Ｐ
　　⑥マーケティング・ミックス　⑦統合性
　　⑧統合的　⑨計画　⑩実施　⑪検証
　　⑫改善　⑬ＰＤＣＡ　⑭改善

【 応用問題 】
問　(1)ウ　(2)ア　(3)イ　(4)エ

【 発展問題 】
問1　(1)ウ　　問2　(1)イ

|第2章|
消費者行動

第1節　消費者行動①②
（ワークブックp.36～37）

【 基本問題 】
問1　①消費者行動　②生産　③価格設定
　　④チャネル　⑤プロモーション
　　⑥購買行動　⑦消費行動　⑧心理的
　　⑨文化的　⑩社会的　⑪個人的
問2　(1)知覚　(2)記憶　(3)○　(4)態度

【 応用問題 】
問　(1)ウ　(2)ア　(3)エ　(4)イ

【 発展問題 】
問　(1)ア

第1・2節　消費者行動③④／消費者関与
（ワークブックp.38～39）

【 基本問題 】
問1　①生活様式　②文化　③サブカルチャ
　　ー　④社会階層
問2　(1)オ　(2)イ　(3)ウ　(4)ア　(5)エ
問3　①準拠集団　②小さい　③大きい
　　④小さい　⑤大きい　⑥ステイタス・
　　シンボル

【 応用問題 】
問　(1)イ　(2)ア　(3)エ　(4)ウ

第3節　購買意思決定プロセス①
（ワークブックp.40～41）

【 基本問題 】
問　①購買意思決定　②問題認識　③情報探
　　索　④代替品の評価　⑤購買決定
　　⑥購買後評価　⑦反復購買　⑧購買動機
　　⑨生理的　⑩心理社会的　⑪理性的
　　⑫感情的　⑬マズロー　⑭欲求段階説

【 応用問題 】
問1　(1)ウ　(2)エ　(3)ア　(4)イ
問2　(1)ウ　(2)ア　(3)エ　(4)イ

第3節 購買意思決定プロセス②③
（ワークブックp.42〜43）

[基 本 問 題]

問1 ①情報探索 ②内的情報探索 ③外的情報探索 ④内的情報 ⑤外的情報 ⑥代替品の評価

問2 (1)ウ (2)ア (3)イ

〈 発 展 問 題 〉

問 (1)ア (2)イ

第4節 製品の普及過程
（ワークブックp.44〜45）

[基 本 問 題]

問 ①革新的 ②情報感度 ③革新性 ④早期 ⑤オピニオンリーダー ⑥前期多数 ⑦後期多数 ⑧採用遅滞者 ⑨イノベーター ⑩16%

〈 発 展 問 題 〉

問 (1)イ (2)採用遅滞者 (3)ア

第5節 購入後の満足とロイヤリティの形成
（ワークブックp.46〜47）

[基 本 問 題]

問1 ①ロイヤリティ ②リレーションシップ ③障壁 ④価値共創 ⑤カスタマー・リレーションシップ

問2 (1)ウ (2)ア (3)イ

〈 発 展 問 題 〉

問1 (1)ア (2)ア 問2 (1)ウ

| 第3章 |
市場調査

第1節 市場調査の目的と方法①②
（ワークブックp.48〜49）

[基 本 問 題]

問 ①市場調査 ②探索的 ③検証的 ④調査 ⑤状況 ⑥既存 ⑦実態 ⑧本 ⑨内部（既存） ⑩外部（既存） ⑪実態 ⑫予備 ⑬モニター

〈 発 展 問 題 〉

問 (1)潜在需要 (2)ア (3)イ (4)ア

第1節 市場調査の目的と方法③④
（ワークブックp.50〜51）

[基 本 問 題]

問 ①定量調査 ②定性調査 ③質問法 ④郵送法 ⑤電話法 ⑥面接法 ⑦電子リサーチ ⑧観察法 ⑨動線設計 ⑩実験法 ⑪インタビュー法 ⑫ワークショップ ⑬母集団 ⑭調査サンプル（標本） ⑮有意抽出法

〈 発 展 問 題 〉

問 (1)イ (2)ア (3)ウ (4)イ

第1節 市場調査の目的と方法⑤⑥
（ワークブックp.52〜53）

[基 本 問 題]

問1 ①無作為抽出法 ②乱数表 ③単純任意抽出法 ④等間隔抽出法 ⑤部分母集団 ⑥層化抽出法 ⑦集落抽出法 ⑧動態調査 ⑨静態調査

問2 イ

〈 発 展 問 題 〉

問 (1)ア (2)ウ (3)ウ

第2節 情報の分析①②③
（ワークブックp.54〜55）

[基 本 問 題]

問 ①平均値 ②異常値 ③最頻値 ④中央値 ⑤ヒストグラム ⑥相関分析 ⑦回帰分析 ⑧相関関係 ⑨因果関係 ⑩偏差 ⑪分散 ⑫標準偏差

〈 応 用 問 題 〉

問1 ①イ

問2 (1)ウ (2)イ (3)ア (4)エ

5

|第4章|
製品政策

（ワークブックp.56〜57）

第1節 製品政策の概要①②

[基 本 問 題]

問1 ①製品政策 ②製品アイテム ③製品ライン ④製品ミックス ⑤中核 ⑥実体 ⑦付随機能

問2 (1)ウ (2)イ (3)ア

（ 応 用 問 題 ）

問1 ①イ ②ウ ③ア
問2 (1)ア (2)ウ (3)イ

第1節 製品政策の概要③

（ワークブックp58〜59）

[基 本 問 題]

問 ①ブランド ②ブランド・エクイティ ③受容性 ④知覚品質 ⑤ブランド・ロイヤリティ ⑥ブランド連想

（ 応 用 問 題 ）

問 (1)エ (2)ア (3)イ (4)ウ

〈 発 展 問 題 〉

問1 (1)ア 問2 (1)イ

第1節 製品政策の概要④

（ワークブックp.60〜61）

[基 本 問 題]

問 ①ライフサイクル ②導入期 ③成長期 ④成熟期 ⑤衰退期 ⑥売却

（ 応 用 問 題 ）

問 (1)エ (2)ア (3)イ (4)ウ

〈 発 展 問 題 〉

問1 (1)ア 問2 (1)成長期

第2節 製品企画①②

（ワークブックp.62〜63）

[基 本 問 題]

問1 (1)イ (2)オ (3)エ (4)キ (5)ア (6)ウ

(7)カ

問2 ①ウ ②ア ③エ ④イ ⑤カ ⑥オ

（ 応 用 問 題 ）

問 (1)ウ (2)イ (3)オ (4)ア (5)エ

第3節 販売計画と販売予測①②

（ワークブックp.64〜65）

[基 本 問 題]

問1 ①販売計画 ②目標売上高 ③販売予測 ④市場需要 ⑤市場指数法 ⑥テスト・マーケティング ⑦事前統制 ⑧期中統制 ⑨事後統制

問2 (1)ウ (2)ア (3)イ

〈 発 展 問 題 〉

問1 (1)イ 問2 (1)ウ (2)ウ (3)ウ

第4・5節 販売計画の立案／生産計画①②

（ワークブックp.66〜67）

[基 本 問 題]

問 ①目標売上高 ②販売予算 ③売上高予算 ④営業費予算 ⑤販売割当 ⑥モチベーション ⑦評価 ⑧差異分析 ⑨生産計画 ⑩品質表 ⑪QCサークル ⑫資金繰り

（ 応 用 問 題 ）

問1 (1)ウ (2)ア (3)エ (4)イ
問2 (1)イ (2)エ (3)ア (4)ウ

第6節 仕入計画①②

（ワークブックp.68〜69）

[基 本 問 題]

問 ①仕入計画 ②年間仕入計画 ③月別仕入計画 ④仕入予算 ⑤売上高予算 ⑥在庫高予算 ⑦ストアコンセプト ⑧幅 ⑨奥ゆき ⑩広い ⑪深い ⑫総合化 ⑬ワンストップ ⑭専門化 ⑮標準化 ⑯特殊化

（ 応 用 問 題 ）

問 (1)ア (2)エ (3)ウ (4)イ

〈 発展問題 〉
問 (1)ウ　(2)ウ　(3)仕入先の重点化政策

第6節 **仕入計画③④**
（ワークブックp.70〜71）

[基本問題]
問　①定番商品　②季節商品　③流行商品
　　④名声商品　⑤促進商品　⑥目玉商品
　　⑦重点化　⑧大量仕入　⑨一括仕入
　　⑩当用仕入　⑪単独仕入　⑫共同仕入
　　⑬集中仕入　⑭分散仕入

〈 発展問題 〉
問 (1)イ　(2)ウ　(3)ウ　(4)ア

第7節 **在庫管理①②**
（ワークブックp.72〜73）

[基本問題]
問　①商品管理　②在庫管理　③金額
　　④数量　⑤ＡＢＣ　⑥パレート図
　　⑦ダブルビン　⑧ツービン　⑨棚卸
　　⑩資金繰り

〈 応用問題 〉
問1 (1)イ　(2)ウ　(3)ア
問2 (1)イ　(2)ア

第7·8節 **在庫管理③④/製品政策の動向**
（ワークブックp.74〜75）

[基本問題]
問　①標準在庫高　②サイクル　③安全
　　④商品回転率　⑤サイクル在庫　⑥経済
　　的　⑦経済的発注法　⑧ＰＯＳ　⑨スト
　　ア　⑩バーコード　⑪スキャナ　⑫連続
　　補充　⑬無形　⑭同時　⑮変動　⑯消滅
　　⑰製品のサービス化

〈 発展問題 〉
問1 (1)ウ　　問2 (1)ア　(2)経済的発注量

|第5章|
価格政策

第1節 **価格政策の概要①**
（ワークブックp.76〜77）

[基本問題]
問1　①価格政策　②製造原価　③営業費
　　④販売価格　⑤仕入原価　⑥購入
　　⑦小売
問2　①原価　②競争　③需要　④消費者
　　(1)ウ　(2)ア　(3)イ

〈 応用問題 〉
問 (1)オ　(2)イ　(3)ウ　(4)ア　(5)エ　(6)カ

〈 発展問題 〉
問 (1)ア　(2)イ

第1節 **価格政策の概要②**
（ワークブックp.78〜79）

[基本問題]
問　①コストプラス　②利幅　③1＋利幅率
　　④マークアップ　⑤値入れ　⑥値入率
　　⑦仕入原価　⑧販売価格　⑨損益分岐点
　　⑩変動費　⑪固定費　⑫売上高線
　　⑬総費用線　⑭利益図表

〈 応用問題 〉
問 (1)オ　(2)エ　(3)ウ　(4)ア　(5)カ　(6)イ

〈 発展問題 〉
問 (1)ウ　(2)ア

第1節 **価格政策の概要③**
（ワークブックp.80〜81）

[基本問題]
問1　①プライス　②実勢　③入札型
　　④知覚価値
問2　(1)イ　(2)エ　(3)ア　(4)ウ
問3　(1)×　(2)×　(3)○　(4)○

〈 発展問題 〉
問1 (1)イ　　問2 (1)イ

第1節 **価格政策の概要④⑤**
（ワークブックp.82～83）

［ 基 本 問 題 ］

問1 ①消費者 ②端数価格 ③慣習価格
④威光価格 ⑤均一価格 ⑥段階価格
⑦上澄 ⑧浸透
問2 (1)④ (2)⑦ (3)⑦ (4)④

〈 発 展 問 題 〉

問 (1)浸透価格政策 (2)上澄価格政策
(3)ウ (4)(d)端数価格 (e)威光価格

第2節 **価格政策の動向①②**
（ワークブックp.84～85）

［ 基 本 問 題 ］

問 ①卸 ②実勢 ③右 ④需要曲線
⑤価格弾力性 ⑥価格 ⑦大きい
⑧小さい ⑨ダイナミック ⑩フリーミ
アム ⑪サブスクリプション

〈 応 用 問 題 〉

問 (1)10 (2)－20 (3)2

〈 発 展 問 題 〉

問1 (1)浸透価格政策 (2)イ 問2 (1)イ

第3節 **価格に関する法的規制**
（ワークブックp.86～87）

［ 基 本 問 題 ］

問1 ①独占禁止 ②カルテル ③入札談合
④再販売価格 ⑤再販売価格維持
⑥景品表示 ⑦有利誤認 ⑧二重価格
問2 (1)× (2)○ (3)× (4)○

〈 応 用 問 題 〉

問 (1)イ (2)ウ (3)ア

〈 発 展 問 題 〉

問 (1)イ

| 第6章 |
チャネル政策

第1節 **チャネル政策の概要①**
（ワークブックp.88～89）

問1 ①チャネル ②所有権 ③商流
④流通 ⑤製品 ⑥物流 ⑦情報
⑧チャネル政策
問2 (1)× (2)○ (3)× (4)×

〈 応 用 問 題 〉

問 (1)エ (2)イ (3)ア (4)ウ

〈 発 展 問 題 〉

問 (1)チャネル政策 (2)ウ

第1節 **チャネル政策の概要②③**
（ワークブックp.90～91）

［ 基 本 問 題 ］

問1 ①卸売 ②小売 ③最小総取引数
④集中貯蔵 ⑤小売 ⑥業種 ⑦業態
⑧商圏
問2 (1)小売業者 (2)商業統計調査 (3)家計
調査年報 (4)○

〈 応 用 問 題 〉

問 (1)ウ (2)エ (3)ア (4)イ

第2節 **チャネルの種類と特徴①②**
（ワークブックp.92～93）

［ 基 本 問 題 ］

問 ①段階 ②多い ③零（0）段階
④1段階 ⑤2段階 ⑥大口消費者
⑦開放的 ⑧最寄 ⑨選択的 ⑩買回
⑪排他的 ⑫専門

〈 発 展 問 題 〉

問 (1)イ (2)選択的チャネル政策 (3)ア
(4)①最寄品 ②買回品 ③専門品

第2節 **チャネルの種類と特徴③**
（ワークブックp.94～95）

［ 基 本 問 題 ］

問1 ①チャネルリーダー ②垂直的

③ＳＰＡ　④企業型　⑤管理型
問2　(1)○　(2)×　(3)○　(4)×

〈 発展問題 〉
問1　(1)チャネルリーダー
問2　(1)イ　(2)垂直的マーケティングシステム

第3節　**チャネル政策の動向①②**
（ワークブックp.96〜97）

［ 基本問題 ］
問　①ロジスティクス　②専売　③系列化
　　④ＥＣＲ　⑤ＥＤＩ　⑥自動在庫補充
　　⑦サプライチェーンマネジメント
　　⑧コモディティ　⑨オムニチャネル
　　⑩アンバサダー　⑪シングル　⑫マルチ

〈 発展問題 〉
問　(1)ウ　(2)ウ

| 第7章 |
プロモーション政策

第1節　**プロモーション政策の概要①②**
（ワークブックp.98〜99）

［ 基本問題 ］
問　①プロモーション　②コード化　③メッ
　　セージ　④ノイズ　⑤コミュニケーショ
　　ン　⑥プロモーション・ミックス（コミ
　　ュニケーション・ミックス）　⑦広告
　　⑧セールス・プロモーション　⑨パブリッ
　　ク・リレーションズ　⑩販売員活動　⑪
　　統合型

〈 発展問題 〉
問1　(1)ア　(2)ウ
問2　(1)プロモーション・ミックス　(2)イ

第2節　**プロモーションの方法①②**
（ワークブックp.100〜101）

［ 基本問題 ］
問　①広告　②メディア　③マスメディア
　　④製品広告　⑤企業広告　⑥人材募集広
　　告　⑦単独広告　⑧協同広告　⑨連合広

告　⑩広告代理店　⑪新聞広告　⑫全国
紙　⑬地方紙　⑭業界紙　⑮全面広告
⑯記事下広告

〈 発展問題 〉
問1　(1)ウ　(2)メディア・ミックス
問2　(1)ア

第2節　**プロモーションの方法③④**
（ワークブックp.102〜103）

［ 基本問題 ］
問1　①テレビ広告　②交通広告　③デジタ
　　ルサイネージ　④ダイレクトメール広
　　告　⑤インターネット広告　⑥バナー
　　広告
問2　(1)ウ　(2)エ　(3)イ　(4)オ　(5)ア

〈 発展問題 〉
問　(1)ア　(2)イ　(3)ア

第2節　**プロモーションの方法⑤**
（ワークブックp.104〜105）

［ 基本問題 ］
問　①ＡＢＣ協会　②視聴率　③聴取率
　　④リーチ　⑤フリークエンシー　⑥累積
　　到達率　⑦認知　⑧理解　⑨確信
　　⑩行動　⑪ダグマー理論　⑫インプレッ
　　ション　⑬レスポンス　⑭クリック率
　　⑮コンバージョン率

〈 発展問題 〉
問　(1)バナー広告　(2)アフィリエイト広告
(3)ウ　(4)イ

第2節　**プロモーションの方法⑥**
（ワークブックp.106〜107）

［ 基本問題 ］
問　①セールス　②非計画購買　③値引き
　　④クーポン　⑤ＰＯＰ広告　⑥ＩＣタグ
　　⑦サンプル　⑧デモンストレーション
　　⑨ポイント　⑩プレミアム　⑪保証期間
　　⑫イベント　⑬リベート　⑭アロウワン
　　ス　⑮ディーラー　⑯ノベルティ
　　⑰見本市

9

〓〓〓〓〓〓〓〓〓〓〈 発 展 問 題 〉〓〓〓〓〓〓〓〓〓〓

問1 (1)ウ　　問2 (1)ア

第2節　プロモーションの方法⑦
（ワークブックp.108〜109）

[基 本 問 題]

問 ①パブリック・リレーションズ　②報道
対策　③案内広告　④メセナ　⑤パブリ
シティ　⑥プレスリリース　⑦口コミ
⑧インフルエンサー　⑨インフルエンサ
ーマーケティング

[応 用 問 題]

問 (1)ウ　(2)エ　(3)イ　(4)ア

〓〓〓〓〓〓〓〓〓〓〈 発 展 問 題 〉〓〓〓〓〓〓〓〓〓〓

問 (1)ア　(2)ウ

第2節　プロモーションの方法⑧
（ワークブックp.110〜111）

[基 本 問 題]

問1 ①販売員活動　②店舗販売　③訪問販
売　④無関心　⑤興味　⑥アプローチ
⑦セリングポイント　⑧クロージング
⑨ビジネスマナー　⑩特定商取引
⑪クーリング・オフ

問2 (1)ア　(2)イ　(3)ウ

〓〓〓〓〓〓〓〓〓〓〈 発 展 問 題 〉〓〓〓〓〓〓〓〓〓〓

問 (1)ウ　(2)ア　(3)イ

第2節　プロモーションの方法⑨⑩
（ワークブックp.112〜113）

[基 本 問 題]

問1 ①店舗設計　②ファサード　③看板
④動線　⑤マグネット　⑥クローズド
⑦オープン　⑧レジ前　⑨エンド
⑩空間　⑪関連品

問2 (1)イ　(2)エ　(3)ア　(4)オ　(5)ウ

[応 用 問 題]

問 (1)オ　(2)ア　(3)エ　(4)ウ　(5)カ　(6)イ

第3・4節　プロモーション政策の動向／プロモーションの法的な規制
（ワークブックp.114〜115）

[基 本 問 題]

問1 ①ブログ　②価格比較サイト　③ペイ
ドメディア　④オウンドメディア
⑤アーンドメディア　⑥ビッグデータ
⑦協調フィルタリング　⑧リコメンド

問2 (1)イ　(2)ア　(3)ウ　(4)カ　(5)オ　(6)エ

〓〓〓〓〓〓〓〓〓〓〈 発 展 問 題 〉〓〓〓〓〓〓〓〓〓〓

問1 (1)ア　　問2 (1)イ

重要用語の確認
（ワークブックp.116〜127）

1.ニーズ　2.ウォンツ（欲求）　3.コスト
4.ベネフィット　5.顧客満足　6.リピーター
7.ピーター・ドラッカー　8.イノベーション
9.マーケティング・コンセプト　10.生産志
向　11.製品志向　12.販売志向　13.マーケ
ット・イン　14.プロダクト・アウト
15.ソーシャル・マーケティング　16.コー
ズ・リレーテッド・マーケティング
17.内部環境　18.外部環境　19.ＰＥＳＴ分
析　20.超高齢社会　21.ユニバーサルデザイ
ン　22.消費の二極化傾向　23.消費者主権
24.消費者運動　25.ＣＳＲ　26.グローバル
化　27.商圏　28.ＳＮＳ　29.デジタル・
マーケティング　30.プラットフォーマー
31.ＩｏＴ　32.サービス　33.エコ・マーケ
ティング　34.ＳＤＧｓ　35.経営資源
36.レッド・オーシャン　37.ブルー・オーシ
ャン　38.ファイブ・フォース分析（5Ｆ分
析）　39.ＳＷＯＴ分析　40.強み　41.弱み
42.機会　43.脅威　44.ＳＴＰ分析
45.セグメンテーション　46.ターゲティング
47.ポジショニング　48.人口統計的基準
49.心理的基準　50.ポジショニング・マップ
51.マーケティング・ミックス　52.製品政策
53.価格政策　54.プロモーション政策
55.4Ｐ　56.ＰＤＣＡサイクル　57.消費者
行動　58.ＡＩＤＭＡ理論　59.ＡＩＳＡＳ
理論　60.知覚　61.態度　62.準拠集団
63.消費者関与　64.状況関与　65.製品関

与　66.購買意思決定プロセス　67.問題認識
68.情報探索　69.代替品の評価　70.購買後
評価　71.マズローの欲求段階説　72.内的情
報探索　73.外的情報探索　74.属性
75.認知的不協和　76.非計画購買　77.革新
的採用者（革新者）　78.早期採用者
79.前期多数追随者　80.後期多数追随者
81.採用遅滞者　82.ロイヤリティ　83.市場
調査　84.調査仮説　85.内部（既存）資料
86.外部（既存）資料　87.実態調査
88.予備調査　89.消費者モニター　90.定量
調査　91.定性調査　92.郵送法　93.電話法
94.観察法　95.実験法　96.母集団
97.インタビュー法　98.有意抽出法
99.無作為抽出法　100.因果関係　101.製品
アイテム　102.製品ライン　103.製品ミック
ス　104.ブランド　105.ブランド・ロイヤリ
ティ　106.製品のライフサイクル　107.製品
コンセプト　108.ブレーンストーミング
109.販売計画　110.販売予測　111.テス
ト・マーケティング　112.販売割当
113.生産計画　114.ストアコンセプト
115.パレート図　116.商品回転率
117.在庫販売比率　118.ＰＯＳシステム
119.バーコード　120.ＡＩ　121.コストプラ
ス法（原価加算法）　122.損益分岐点
123.価格指導制（プライス・リーダーシッ
プ）　124.端数価格政策　125.威光価格政策
126.上澄価格　127.浸透価格　128.実勢価
格　129.需要の価格弾力性　130.ダイナミッ
ク・プライシング　131.フリーミアム
132.サブスクリプション　133.独占禁止法
134.再販売価格　135.景品表示法
136.チャネル　137.物流チャネル
138.商流チャネル　139.チャネル政策
140.卸売業者　141.小売業者　142.最小総
取引数の原理（取引総単純化の原理）
143.集中貯蔵の原理（不確実性プールの原
理）　144.大口消費者　145.排他的チャネル
政策　146.選択的チャネル政策　147.開放
的チャネル政策　148.ＥＣＲ　149.ＥＤＩ
150.サプライチェーンマネジメント（供給連鎖
管理）　151.オムニチャネル　152.ＣｔｏＣ
153.広告　154.セールス・プロモーション
（販売促進）　155.販売員活動　156.パブリ
ック・リレーションズ（ＰＲ）　157.統合型
マーケティング・コミュニケーション（Ｉ
Ｍ　158.メディア（媒体）　159.交通広告
160.デジタルサイネージ　161.屋外広告
162.新聞折込広告　163.ダイレクトメール広
告（ＤＭ広告）　164.バナー広告
165.アフィリエイト広告　166.リスティング
広告　167.コンテンツ連動型広告　168.ネイ
ティブ広告　169.インフィード広告　170.リ
ターゲティング　171.リーチ
172.フリークエンシー
173.インプレッション　174.レスポンス
175.ＰＯＰ広告　176.ＩＣタグ　177.ポイ
ントプログラム　178.プレミアム　179.リベ
ート　180.口コミ（クチコミ）　181.プレス
リリース　182.インフルエンサー　183.特定
商取引法　184.クーリング・オフ制度
185.ペイドメディア　186.オウンドメディア
187.ビッグデータ

実力確認テスト　第1回

（ワークブックp.128〜129）

1 (1)ウ　(2)イ　(3)エ　(4)オ
2 イ
3 (1)イ　(2)カ　(3)オ　(4)ウ　(5)ア　(6)エ
4 (1)イ　(2)ウ　(3)イ

実力確認テスト　第2回

（ワークブックp.130〜131）

1 (1)ア　(2)イ
2 (1)イ　(2)ア　(3)イ
3 (1)早期採用者　(2)後期多数追随者
　　(3)ロイヤリティ　(4)認知的不協和
　　(5)価値共創　(6)社会階層
　　(7)ミニマリスト　(8)理性的購買動機

実力確認テスト　第3回

（ワークブックp.132〜133）

1 (1)エ　(2)ア　(3)イ　(4)オ　(5)カ　(6)ウ
2 (1)エ　(2)オ
3 (1)ウ　(2)エ　(3)オ
4 (1)ブランド・エクイティ　(2)受容性
　　(3)ロイヤリティ

5 イ

実力確認テスト　第4回

(ワークブックp.134～136)

1 (1)イ　(2)ウ

2 (1)イ　(2)カ　(3)ウ　(4)エ　(5)ア　(6)オ

3 ①ウ　②ア　③イ　④エ　⑤オ

4 ①エ　②カ　③オ　④ア　⑤イ　⑥ウ

5 (1)イ　(2)ウ

6 (1)ビッグデータ

B2XTS

問1　次の文章を読み，下記の問いに答えなさい。　（商業経済検定第36回修正）

　A社はおもに関東地方へ缶詰を供給しており，看板商品の缶詰Xが人気である。A社はこの商品を関西地方でも販売することができないかと考えた。

　関西地方で行われた物産展や催し物における販売で，A社が工夫した点は二つあり，これらは消費者の購買心理をよく理解したものであった。一つは，匂いと試食をうまく利用した点である。A社は売り場で缶詰X（関西風）の中身を缶から出して温め，美味しそうな匂いを漂わせ，この匂いから顧客に　①　を向けさせ，顧客に試食をしてもらうことで　②　を抱かせようとした。これにより，購買へとつながるきっかけをつくっていった。

　もう一つは，購入個数によるポイント制を活用した点である。A社は，(a)優良顧客を維持し，商品を繰り返し購入してもらい，長期的に安定した利益を確保するためのマーケティング活動として，ポイントを貯めた顧客に対して特典を与えた。これにより，一度限りの購入で終わることのないしくみをつくることができた。

(1)　文中の　①　と　②　に当てはまる購買心理（AIDAS理論）の組み合わせとして，次のなかから適切なものを一つ選びなさい。
　　ア．①注意・②欲求　　イ．①行動・②注意　　ウ．①興味・②注意

(1) --

(2)　下線部(a)を何というか，次のなかから適切なものを一つ選びなさい。
　　ア．リレーションシップ・マーケティング
　　イ．ディーマーケティング
　　ウ．非営利組織のマーケティング

(2) --

問2　次の文章を読み，下記の問いに答えなさい。　（商業経済検定第35回修正）

　導入期の段階の新製品は，知名度が低く，生産量も少ない。この段階では携帯電話端末利用者のなかでも，従来には搭載されていなかったカメラ機能がついた「ガラケー」に関して興味関心が高い革新的採用者を市場標的にして，販売戦略を繰り広げることになる。革新的採用者は，好奇心旺盛な顧客であるとともに(a)特定のブランドやメーカーに対しての愛顧心やこだわりをもった消費者でもあるので，これらの顧客層に適切に対応することで消費者心理をつかみ，製品の知名度を上げ，売上高の拡大につなげる効果が期待できる。

(1)　下線部(a)を何というか，次のなかから適切なものを一つ選びなさい。
　　ア．リレーションシップ　　イ．AIDAS　　ウ．ブランドロイヤルティ

(1) --

第**1**節

市場調査の目的と方法①②

＊市場調査　＊市場調査の手順

学習の要点

❶ 市場調査は企業の意思決定にとって重要である。
❷ 市場調査においては目的の明確化と仮説の構築が重要である。
❸ 市場調査の手順と分析に用いる資料の違いについて理解する。

［ 基 本 問 題 ］

問　次の文章の空欄に適切な語句を入れなさい。

(1) 企業は，標的とする市場に関する情報を収集・分析・解釈し，マーケティングに取り入れる。この一連の作業を（　①　）という。

(2) 新製品の開発や改良をおこなう際，それが顧客に受け入れられるかどうかを考え，顧客が抱えている潜在的なニーズや顕在的なニーズを明らかにするためにおこなわれる調査を（　②　）調査という。

(3) すでに販売している製品について，本当に顧客ニーズに対応しているかどうかなどを明らかにするためにおこなわれる調査を（　③　）調査という。

(4) 市場調査を効率的に実施するため，（　④　）**仮説**を立てるときに，企業内外のさまざまな資料を分析することを（　⑤　）**分析**という。

(5) 企業は（④）**仮説**が適切かどうか，さまざまな分析をとおして検証する。はじめに企業内外の（　⑥　）**資料**の分析をおこなう。そのうえで情報が不足する場合，（　⑦　）**調査**をおこなう。そしてそのうえで（　⑧　）**調査**をおこない，その結果を分析する。

(6) (⑥)**資料**には（　⑨　）**資料**と（　⑩　）**資料**がある。(⑨)**資料**とは，販売管理システムや売上帳などの販売記録や過去の市場調査記録や財務諸表などを指す。(⑩)**資料**とは，総務省統計局などが公表している統計資料や書籍，新聞などのことを指す。

(7) 既存資料の分析で市場調査の目的が達成できない場合は，（　⑪　）**調査**を実施して一次データを入手する。(⑪)**調査**では企業の経済活動の実態を調べる。

(8) いきなり大がかりな本調査をおこなうのではなく，本調査に準じた（　⑫　）**調査**（略式調査）をおこなうことが多い。たとえば，少数の関係者を対象に調査をおこなう，あるいは**消費者**（　⑬　）を募集して(⑫)**調査**をおこなうといった方法がある。

①　　　　　　　②　　　　　　　③　　　　　　　④

⑤　　　　　　　⑥　　　　　　　⑦　　　　　　　⑧　　　　　　　⑨

⑩　　　　　　　⑪　　　　　　　⑫　　　　　　　⑬

問　次の文章を読み，下記の問いに答えなさい。　　（商業経済検定第35回修正）

　A社は，国内に数多くの店舗を出店し，事業展開しているハンバーガー店である。A社は，消費者の声を聞き，消費者が何を求めているのかを把握し，(a)新たに生じることが予測される，表面的には現れていない需要を調査・分析し，「グリルバーガー」という新商品を開発した。その結果，発売当初の5日間だけで300万個を販売する大ヒット商品となった。以下は，新商品「グリルバーガー」の開発にあたりA社が実施した市場調査の概要である。

【調査の第一段階】

　A社は新しいハンバーガーを開発するため，プロジェクトチームを立ち上げた。プロジェクトチームでは，消費者ニーズを明らかにするために，(b)業界紙や業界の刊行物による同業者の売上状況や全般的な市場の動向を分析した。その結果，A社を利用している消費者のなかには，食の安全性を重視して購入を控える，小さな子どもをもつ母親もいることが分かった。そこで(c)「26歳から35歳までの子育てをしていて，食の安全性を気にする女性が本当においしいと感じるハンバーガーを開発すれば，需要は伸びるのではないか」という調査仮説を立てた。

【調査の第二段階】

　A社は，(d)本調査（正式調査）を行う前に，少量の標本（サンプル）を対象にして，調査仮説を絞り込むとともに，調査計画の全体像を描くために行う本調査に準じた調査を実施することにした。A社は，30人の26歳から35歳までの子育てをしている女性に，自由な意見を述べてもらう消費者モニターを引き受けてくれるように依頼した。

(1)　下線部(a)を何というか，漢字2文字を補って正しい用語を完成させなさい。

(1) _____ 需要

(2)　下線部(b)はどのような資料として分類されるか，次のなかから適切なものを一つ選びなさい。

　ア．外部の既存資料　　イ．内部の既存資料　　ウ．実態調査の新規資料

(2) _____

(3)　下線部(c)の目的として，次のなかから最も適切なものを一つ選びなさい。

　ア．現在の自社の位置づけや，過去に販売した商品の優位性を確認すること

　イ．市場調査の目的を明確にし，調査の方向性や優先順位などの見通しを整理すること

　ウ．大きな市場を細分化し，現在販売している商品を増産するかどうか決定すること

(3) _____

(4)　下線部(d)を何というか，次のなかから適切なものを一つ選びなさい。

　ア．予備調査（略式調査）　　イ．ケース・スタディ　　ウ．追跡調査

(4) _____

市場調査の目的と方法③④

＊調査の種類　＊定量調査　＊定性調査　＊調査サンプル抽出法

学習の要点

❶ 市場調査は，定量調査と定性調査に分類できる。
❷ インタビュー法，調査サンプル抽出法（標本調査）の概要を理解する。

――――――――――――［ 基 本 問 題 ］――――――――――――

問　次の文章の空欄に適切な語句を入れなさい。

(1) 市場調査とは，情報の種類から（　①　）と（　②　）に分類することができる。

(2) （①）の方法として，調査対象者にアンケートに基づいた調査をおこない，回答を得る（　③　），アンケートを調査対象者に送付して回答してもらう（　④　），調査員が電話を利用して調査対象者に質問する（　⑤　），調査員が調査対象者に面接して口頭で質問し，回答を聞き取る（　⑥　），インターネットや電子メールなどで回答を得る（　⑦　）などに分類される。

(3) （①）の方法として，調査対象者の行動を観察し，その動きや変化などを把握して分析する（　⑧　）がある。

(4) スーパーマーケットなどの小売業者の店舗レイアウトは，多くは（⑧）の結果をふまえて設計されている。これを（　⑨　）という。

(5) （①）の方法として，市場調査の目的にあわせ，調査対象者のグループを複数選択し，異なる質問などでその反応の違いをみる（　⑩　）がある。

(6) （②）は，標的とする消費者の意識や行動が分からない場合や調査仮説を立案する場合などに用いられる。たとえば（　⑪　）や（　⑫　）といった方法がある。

(7) 市場調査の対象となる集団全体を（　⑬　）といい，多くの企業では（⑬）の性質を反映する（　⑭　）を選びだして分析する。

(8) 何らかの考え方や法則に基づいて（⑭）を選びだすことを（　⑮　）という。

①＿＿＿＿　②＿＿＿＿　③＿＿＿＿　④＿＿＿＿

⑤＿＿＿＿　⑥＿＿＿＿　⑦＿＿＿＿　⑧＿＿＿＿

⑨＿＿＿＿　⑩＿＿＿＿　⑪＿＿＿＿

⑫＿＿＿＿　⑬＿＿＿＿　⑭＿＿＿＿

⑮＿＿＿＿

〈発展問題〉

問　次の文章を読み，下記の問いに答えなさい。　　(商業経済検定第36回修正)

A社は，わが国を代表するスナック菓子メーカーである。新商品の開発において，まず企業内外の既存資料の分析を行い，調査仮説を立てて本格的な実態調査を実施した。

ポテト系スナック菓子は子どもから大人まで口にするものであるため，A社は全国に住む幅広い年代の消費者に対して調査を行うのが望ましいと考えた。ただし，全数調査を行うには費用や時間，作業の手間などがかかりすぎてしまうため，自社が設定した(a)母集団からその全体を代表するような消費者を選び出し，その人々に対し調査を行い母集団のようすを推定することにした。A社は，(b)自社に登録してある30,000人の顧客データを活用し，顧客一人ひとりに通し番号をつけ，乱数表を使って200人を調査対象者として抽出した。

このようにして選び出された調査対象者に対しては，A社が用意した各地の会場まで来てもらい，新商品のポテト系スナック菓子を試食してもらったうえで，(c)調査員が調査対象者と面接しながら質問を発し，回答を得る方法で調査を実施した。これにより得られた調査結果は，調査仮説を十分に立証できるものが多く，自信をもって商品化を決定したのである。

A社は，新商品を全国発売する前に(d)テスト・マーケティングを実施した。ここでも満足のいく結果が得られたため，A社は新商品の全国発売を実現させたのである。

(1)　下線部(a)に記された消費者を何というか，次のなかから適切なものを一つ選びなさい。
　ア．メセナ　　イ．サンプル　　ウ．ロイヤルティ

(1) ＿＿＿＿＿＿

(2)　下線部(b)で用いられた抽出法はどのようなものと考えられるか，次のなかから適切なものを一つ選びなさい。
　ア．単純任意抽出法　　イ．有意抽出法　　ウ．等間隔抽出法

(2) ＿＿＿＿＿＿

(3)　下線部(c)の利点として，次のなかから適切なものを一つ選びなさい。
　ア．広範囲に散在する多くの相手に対し，少ない費用で回答を求めることができる。
　イ．調査の費用と手間が少なくてすみ，調査結果の集計や分析を容易に行うことができる。
　ウ．目的にあった質の高い回答を得やすく，相手の表情などから間接的な回答も得られる。

(3) ＿＿＿＿＿＿

(4)　下線部(d)の説明として，次のなかから適切なものを一つ選びなさい。
　ア．店内における調査対象の移動経路を観察し，購買行動や購買心理を分析した。
　イ．モデル地域を設定し，そこで試験的に販売を行うことで市場の反応などを分析した。
　ウ．調査対象に電話をかけて質問を行い，新たに生じることが予測される需要を探った。

(4) ＿＿＿＿＿＿

第1節　市場調査の目的と方法⑤⑥

＊無作為抽出法　＊多段階抽出法　＊動態調査と静態調査

学習の要点

❶　無作為抽出法，それぞれの抽出法の特徴を理解する。
❷　多段階抽出法の概要，動態調査・静態調査の概要を理解する。

── [基 本 問 題] ──

問1　次の文章の空欄に適切な語句を入れなさい。

(1)　母集団を構成する消費者が，同じ確率で選ばれるよう設計された調査サンプル抽出法を
　（　①　）といい，最近では表計算ソフトウェアの関数を用いても可能である。

(2)　母集団の構成員それぞれに（　②　）の数字を割り当て，その乱数の大きい順または小
　さい順に調査サンプルを抽出する方法を（　③　）という。

(3)　すべての構成員に番号を割り当て，最初の調査サンプルのみ（②）などで無作為に選ん
　だあとは，等間隔で必要な調査サンプルを選びだすことを（　④　）という。

(4)　母集団をいくつかの（　⑤　）に分割し，それぞれの（⑤）から無作為に調査サンプル
　を抽出する方法を（　⑥　）という。

(5)　母集団をいくつかの（⑤）に分割し，そのうち1つを無作為に選びだしたあとに全数調
　査をおこなう方法を（　⑦　）という。

(6)　時系列でデータの推移が構成され，こうしたデータの変化を重視する調査を（　⑧　）
　という。

(7)　それに対し，時系列にデータを捉えるのではなく，一定時点における特定の集団の状態
　を把握する調査を（　⑨　）という。国勢調査などがこれにあたる。

①　＿＿＿＿＿＿＿＿＿　　②　＿＿＿＿＿＿＿＿＿　　③　＿＿＿＿＿＿＿＿＿

④　＿＿＿＿＿＿＿＿＿　　⑤　＿＿＿＿＿＿＿＿＿　　⑥　＿＿＿＿＿＿＿＿＿

⑦　＿＿＿＿＿＿＿＿＿　　⑧　＿＿＿＿＿＿＿＿＿　　⑨　＿＿＿＿＿＿＿＿＿

問2　次の図は，どのような市場調査方法の例か解答群から選び，その記号を書きなさい。

【解答群】
ア．等間隔抽出法
イ．集落抽出法
ウ．層化抽出法

全国の商業高校をリストアップ

10校を無作為抽出

10校の生徒全員の調査

＿＿＿＿＿＿＿＿＿＿＿＿＿＿

問　次の文章を読み，下記の問いに答えなさい。　　　　　　　　　（商業経済検定第32回修正）

　A社は，(a)自社の顧客台帳に登録されている顧客データベースのすべての個体に通し番号をつけ，そのなかから，乱数表を用いて100人を調査対象者として選び出した。この調査対象者に缶コーヒーに代わる新しい紅茶飲料の開発について質問をするため，試作の紅茶飲料のサンプルと質問事項を用意した。そして，(b)質問法の一つである，調査対象者を本社に迎え入れて行う面接法によるアンケート調査を行った。その結果，高級な茶葉の使用と，紅茶の風味が強い濃厚な味わい，フレーバーティーとは異なる新しい製法，高級感が漂う容器の質感を求めていることが分かった。

　これを受けてA社は，良質なウバ茶葉とアッサム茶葉のブレンド茶葉を使い，高温・高圧でエスプレッソコーヒーと同じ原理の製法で抽出した缶入りエスプレッソ紅茶の新商品を完成させた。

　A社の主な販売ルートであるコンビニエンスストアで陳列された場合の効果を見極めるため，事情を知らせていない自社の他部門に属する社員に協力を依頼し，(c)アイカメラを使って，商品棚を見る眼球の動きで注目対象の変化を追っていく観察法を実施した。その結果，エスプレッソ紅茶の缶は，缶コーヒーと同じ陳列棚で販売された場合，ひときわ目立つデザインであることが裏付けられた。

(1)　下線部(a)で用いられた抽出法はどのようなものと考えられるか，次のなかから適切なものを一つ選びなさい。

　　ア．単純無作為抽出法　　イ．等間隔抽出法　　ウ．有意抽出法

(1) _____

(2)　下線部(b)の特徴として，次のなかから適切なものを一つ選びなさい。

　　ア．時間的な制約もなく少ない費用と手間で回答を得られ，調査結果の集計分析が容易だが，回答者に偏りが出やすく，組織的な回答やなりすましなど不適切な回答が行われやすい。

　　イ．対話によって聞き返すこともでき，比較的割安な費用でリアルタイムの調査結果が得られるが，時間的制約から相手に拒否されやすく，設定できる質問量や質も限られる。

　　ウ．質の高い回答を得られやすく，相手の表情や態度の変化から間接的な回答も得られるが，調査員の主観や技量に影響されやすく，回答者が調査員に迎合する傾向がある。

(2) _____

(3)　下線部(c)のような資料収集法を何というか，次のなかから正しいものを一つ選びなさい。

　　ア．動線調査による観察法　　イ．通行量調査による観察法　　ウ．視線調査による観察法

(3) _____

第2節　情報の分析①②③

＊平均値・最頻値・中央値　＊ヒストグラム　＊相関分析　＊因果関係と相関関係　＊偏差
＊標準偏差　＊調査報告書の作成

学習の要点

❶ 調査サンプルに用いる値やヒストグラムの概要を理解する。
❷ 市場調査で得た情報の分析方法，相関分析について理解する。
❸ 偏差，標準偏差について理解する。

基本問題

問　次の文章の空欄に適切な語句を入れなさい。

(1)　あるデータの値の平均の値のことを（　①　）という。

(2)　（①）は金額の集計ミスや特殊な状況などによって（　②　）が計算過程に紛れ込むことがある。

(3)　調査サンプルを集計した際に，最も数が多い値を（　③　）という。（①）が母集団の特徴を捉えていないと考えられる場合は，これを用いることがある。

(4)　調査サンプルを小さい値から大きい値へ順番に並べたときに，その中央にくる値を（　④　）という。（④）は（①）と異なり，異常値の影響を受けにくい。

(5)　（①）などの値が母集団の特徴を捉えていないと考えられる場合，（　⑤　）を作成して調査サンプルの散らばり度合いをみるとよい。

(6)　調査サンプルを抽出したら表計算ソフトなどで調査項目ごとに集計，分析する。たとえば，最高気温とアイスコーヒーの売上高の関係を分析することを（　⑥　）という。

(7)　表計算ソフトのデータ分析機能を使用することで，求めたい要素の値に対して，他の要素がどの程度影響をもたらすかを分析する手法を（　⑦　）という。

(8)　ニコラス・ケイジが出演する映画の本数が増えれば増えるほどアメリカでは水難事故が増えるという（　⑧　）が発見されたことがある。もちろんみせかけの（⑧）であり，（　⑨　）があるわけではない。これを疑似相関という。

(9)　収集した調査サンプルの平均値と，それぞれの調査サンプルのデータが平均値からどれくらい離れているのかを示す値に（　⑩　）がある。

(10)　（⑩）はそれぞれの調査サンプルのデータと平均値の差のため，（⑩）を合計すると零になる。そこで，データのばらつきをみるため，いったん（⑩）を2乗してその平均をとる。これを（　⑪　）といい，平均値からのばらつきを把握するため，（⑪）の平方根である（　⑫　）を用いることが多い。

①＿＿＿＿＿＿＿　②＿＿＿＿＿＿＿　③＿＿＿＿＿＿＿　④＿＿＿＿＿＿＿

⑤＿＿＿＿＿＿＿　⑥＿＿＿＿＿＿＿　⑦＿＿＿＿＿＿＿　⑧＿＿＿＿＿＿＿

⑨ -- ⑩ -- ⑪ -- ⑫ --

応 用 問 題

問1 次の図は，正規分布と標準偏差を示したグラフである。 ① にあてはまる数字を解答群から選び，その記号を書きなさい。

【解答群】
 ア．約58.2%
 イ．約68.2%
 ウ．約78.2%

① --

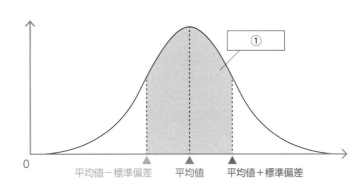

平均値−標準偏差　　　平均値　　　平均値＋標準偏差

問2 次の文書は，調査報告書の形式の例を示したものである。報告書の中の(1)～(4)にあてはまる項目を解答群から選び，その記号を書きなさい。

■調査報告書の形式の例

調査報告書の形式はさまざまであるが，たとえば以下のような形式で関係者に報告する。

〇〇営業部長

調査報告書

〇年〇月〇日
マーケティング部
山本　一郎㊞

　A地区における弁当販売について，市場調査を実施いたしました。その結果を
以下のとおりご報告いたします。
1. (1)
2. 調査方法
3. (2)
4. 分析・考察
5. (3)
6. (4)

【解答群】
 ア．提言　　イ．調査結果　　ウ．調査目的　　エ．添付資料

(1) --　(2) --　(3) --　(4) --

第1節 製品政策の概要①②

*製品政策の概要　*製品の特性　*製品の差別化　*ブランド

学習の要点

❶ 製品政策，製品の特性について理解する。
❷ 製品の差別化，ブランドについて理解する。

基本問題

問1　次の文章の空欄に適切な語句を入れなさい。

(1)　企業はさまざまな種類の製品やサービスを消費者に提供する場合，製品やサービスの多様な事柄を決定しなければならない。このようなさまざまな政策を（　①　）という。

(2)　（①）では，企業の個別の品目＝（　②　）と同系統の(②)で構成される製品群＝（　③　）の構成を考えることになる。このような(②)と(③)の組み合わせを（　④　）という。

(3)　製品やサービスには，その中心に消費者が最低限手に入れたいと考える価値がある。これを製品やサービスの（　⑤　）＝コアという。

(4)　製品やサービスには，この（⑤）を支えるさまざまな特徴がある。これらの特徴は（　⑥　）または形態と呼ばれ，消費者の満足度を高める。

(5)　そして，（⑤）にはさほど影響は与えないが，その存在によって製品やサービスの魅力がより高まる機能がある。これらを（　⑦　）という。

①_____　　②_____　　③_____

④_____　　⑤_____　　⑥_____　　⑦_____

問2　製品政策には，他社との製品の差別化が課題となる。次の差別化の事例はどのような視点から見た差別化か，解答群から選び，その記号を書きなさい。

(1)　デザイン・ブランド・ネーミング・ロゴ・パッケージなどを競合他社のものと比較し，何らかのかたちで差別化して，消費者の購入意欲を促す。

(2)　アメリカのある企業がはじめてスマートフォンを開発した際に，「これまでになかった製品」として話題となり，競合他社の製品と差別化された。

(3)　製品の配送や配置，さまざまなアフターサービスを手厚くすることで競合他社商品との差別化が可能となる。

【解答群】

　　ア．付随機能からみた差別化　　イ．中核からみた差別化　　ウ．実体からみた差別化

(1)_____　　(2)_____　　(3)_____

問1　次の図はミラーレス一眼カメラの製品の特性を示したものである。図中の①〜③にあてはまる用語を解答群から選び，その記号を書きなさい。

■ミラーレス一眼カメラの製品の特性

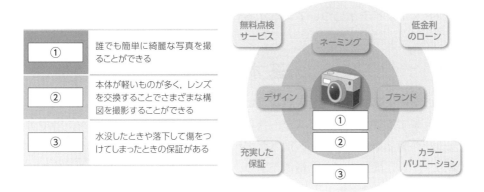

【解答群】
　　ア．付随機能　　　イ．中核（コア）　　ウ．実体（形態）

① _____　② _____　③ _____

問2　次の図は，製品の差別化を示したものである。図中の(1)〜(3)に入る吹き出しの言葉を解答群から選び，その記号を書きなさい。

■製品の差別化

【解答群】
　　ア．これまでになかった製品だ！
　　イ．他のメーカーよりサービスが充実している！
　　ウ．他の製品よりデザインがかわいい！

(1) _____　(2) _____　(3) _____

第**1**節

製品政策の概要③

＊ブランド・エクイティ

学習の要点

❶ ブランドのさまざまな機能について理解する。
❷ ブランド・エクイティについて理解する。

基本問題

問　次の文章の空欄に適切な語句を入れなさい。

(1) 企業が生産する製品やサービスが，言葉や記号，シンボルやデザイン，音や音楽によって競合他社の製品やサービスと区別されていることを（　①　）という。

(2) 企業の（①）にはさまざまな機能があり，それをまとめた資産価値のことを（　②　）という。

(3) （②）は次の4つの機能から構成される。一つ目は，自社のブランドがどの程度消費者に受け入れられているかの度合いのことで，これを（　③　）という。

(4) 二つ目は，消費者がブランドに対して感じるイメージや信頼性のことで，これを（　④　）という。

(5) 三つ目は，ブランドに対する消費者の「思い入れ」のことで，これを（　⑤　）といい，特に重要とされている。

(6) 四つ目は，ブランドに対してさまざまな印象を抱くことで，これを（　⑥　）という。

①_____　②_____・_____　③_____

④_____　⑤_____・_____　⑥_____

応用問題

問　次の図は，ブランド・エクイティの構成要素を示したものである。図中の(1)〜(4)にあてはまる内容を解答群から選び，その記号を書きなさい。

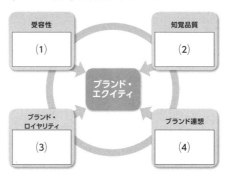

【解答群】
　ア．顧客が感じているそのブランドならではの品質のこと。
　イ．ブランドに対する顧客の「思い入れ」のこと。
　ウ．ブランドに対して顧客がさまざまな印象を抱くこと。
　エ．顧客によるブランドの受け入れの度合いのこと。

(1) ----------------　(2) ----------------　(3) ----------------　(4) ----------------

〈 発展問題 〉

問1　次の文章を読み，下記の問いに答えなさい。　（商業経済検定第32回修正）

　時間をかけて消費者の信頼を得ることでつくりあげられたブランドは，単に他社製品と識別する役割を果たしているだけではない。例えば，A社の自動車であれば，「環境性に優れている」，B社の乳製品であれば，「栄養価が高い」，C社のパソコンであれば，「デザインが優れている」というように，製品の品質を保証する役割も果たしている。この役割によって，(a)顧客による特定ブランドの指名買いが行われるようになり，売り上げの増大が期待できる。

(1)　下線部(a)の説明として，次のなかから最も適切なものを一つ選びなさい。
　ア．顧客が店内で，ほかのブランドとの比較・検討をほとんどすることなく，来店前からあらかじめ決めていたブランドの商品を購入すること。
　イ．顧客が店内で，販売員からの商品説明を受けずに，いくつかのブランドを比較・検討し，そのなかで気に入ったブランドの商品を購入すること。
　ウ．顧客が店内で，対応した販売員の優れた商品説明や接客態度によって販売員を信頼することで，その販売員が推奨するブランドの商品を購入すること。

(1) ----------------

問2　次の文章を読み，下記の問いに答えなさい。　（商業経済検定第35回修正）

　革新的採用者は，好奇心旺盛な顧客であるとともに(a)特定のブランドやメーカーに対しての愛顧心やこだわりをもった消費者でもあるので，これらの顧客層に適切に対応することで消費者心理をつかみ，製品の知名度を上げ，売上高の拡大につなげる効果が期待できる。

(1)　下線部(a)を何というか，次のなかから適切なものを一つ選びなさい。
　ア．リレーションシップ
　イ．AIDAS
　ウ．ブランド・ロイヤリティ

(1) ----------------

第1節

製品政策の概要④

＊製品のライフサイクル

❶ 製品には人間と同じように寿命がある。

❷ 製品のライフサイクルは4つの段階に分けられることを理解する。

［ 基 本 問 題 ］

問　次の文章の空欄に適切な語句を入れなさい。

(1)　消費者が購入するすべての製品やサービスには，寿命がある。この寿命を横軸に時間，縦軸に金額をとり，売上高と利益の増減を曲線で示したものを製品の（　①　）という。

(2)　製品の（①）は4つの段階に区分される。製品やサービスが市場に導入され，売上高がゆっくりと伸びていく時期を（　②　）という。そして，製品やサービスが多くの消費者に認知され，売上高が急速に伸びていく時期を（　③　）という。その後，ある時点で売上高の成長率の伸びが低くなり，その状態が（②）や（③）よりも長く続く時期を（　④　）という。さらに，市場の飽和が進むと製品やサービスの売上高は減少していく。こうした時期を（　⑤　）という。

(3)　製品やサービスが（⑤）を終えると，製品が廃棄されたり事業ごと（　⑥　）したりする傾向が生ずる。

①＿＿＿＿＿＿＿＿＿＿　②＿＿＿＿＿＿＿＿＿＿　③＿＿＿＿＿＿＿＿＿＿

④＿＿＿＿＿＿＿＿＿＿　⑤＿＿＿＿＿＿＿＿＿＿　⑥＿＿＿＿＿＿＿＿＿＿

⟨ 応 用 問 題 ⟩

問　次の図は，製品のライフサイクルを示したものである。図中の(1)～(4)にあてはまる内容を解答群から選び，その記号を書きなさい。

■製品のライフサイクル

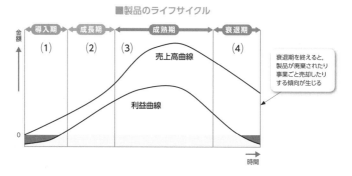

【解答群】
　ア．販売数量が増えるので大量生産が可能になり，1単位あたりの製造原価が低下する。
　イ．市場が飽和状態になっている一方で，参入してくる企業も多く，利益も低下していく。
　ウ．技術革新により，より優れた新製品や代替品が市場に投入されたり，消費者の好みが
　　　変化した結果，製品やサービスの需要そのものがなくなったりすることもある。
　エ．製品やサービスに対する消費者の認知があまりなく，売上高が低い時期である。

(1) ＿＿＿＿＿＿＿＿　(2) ＿＿＿＿＿＿＿＿　(3) ＿＿＿＿＿＿＿＿　(4) ＿＿＿＿＿＿＿＿

〈 発 展 問 題 〉

問1　次の文章を読み，下記の問いに答えなさい。　(商業経済検定第33回修正)

　商品やサービスには寿命があると言われている。この寿命のことを製品のライフサイクルという。一般に，この製品のライフサイクルは，導入期，(a)成長期，成熟期，衰退期という四つの段階に区分される。しかし，新製品のなかで，導入期から成長期へと進むことのできる製品の数は決して多くない。多くの製品は，成長期に進むことなく市場から消えていくのである。

　(1)　下線部(a)の段階におけるマーケティング戦略の内容として，次のなかから適切なものを
　　　一つ選びなさい。
　　ア．いち早く大量生産に移行して，販売価格を引き下げ，新製品のブランドを確立する。
　　イ．競合他社の戦略をみて，生産の規模を徐々に縮小し，損失が生じる前に市場から撤退
　　　する。
　　ウ．知名度を上げるための広告，販売経路の整備，顧客を見据えた適切な価格設定を実施
　　　する。

(1) ＿＿＿＿＿＿＿＿＿＿＿＿＿＿

問2　次の文章を読み，下記の問いに答えなさい。　(商業経済検定第36回修正)

　デジタルカメラは1970年代に開発され，長い導入期が続いていたが，A社が開発したコンパクトデジタルカメラX（以下，デジカメX）が1995年に発売されると，(a)市場での知名度や製品に対する理解は一気に高まり，売上高も利益も右肩上がりに伸びていった。デジカメXの特徴は，液晶モニターが世界で初めて搭載されたことや，レンズ部を回転させることで自撮りも可能なことであった。

　(1)　下線部(a)を製品のライフサイクルとしてみた場合，何というか，漢字2文字を補って正
　　　しい用語を完成させなさい。

(1) ＿＿＿＿＿＿＿＿＿＿　期

第2節　製品企画①②

＊製品企画と企画書の作成　＊アイデアの創出　＊試作品の完成

学習の要点

❶ 製品企画の流れ，製品コンセプトについて理解する。
❷ アイデアの創出方法，試作品テストの必要性を理解する。

[基 本 問 題]

問1　次の項目の説明として，適切なものを解答群から選び，その記号を書きなさい。

(1) 環境分析　(2) 開発方針とテーマの決定　(3) 市場調査　(4) アイデアの創出
(5) 製品コンセプトの決定　(6) コンセプト・テスト　(7) 製品企画書の作成

【解答群】

ア．絞り込まれたアイデアをもとに製品コンセプトを決定する。
イ．企業を取り巻くさまざまな環境を分析する。
ウ．製品コンセプトが消費者に受け入れられるかどうかを確認する。
エ．消費者のニーズがどのようなものなのかを明らかにする。
オ．環境分析の結果をもとに，製品開発の基本方針やテーマを決定する。
カ．商品概要をまとめ，さらに価格・チャネル・プロモーション方法などを加えて提出する。
キ．市場調査の結果をもとに，製品開発のアイデアを創出し，評価と絞り込みをおこなう。

(1) _____　(2) _____　(3) _____　(4) _____

(5) _____　(6) _____　(7) _____

問2　次の文章の空欄にあてはまる適切な語句を解答群から選び，その記号を書きなさい。

(1) アイデアを創出する方法に，Substitute, Combine, Adapt, Reverseなどの7つの視点で考える（　①　）という方法がある。

(2) 批判厳禁・自由奔放・量の重視とアイデアの改良や結合を重視したアイデアだしの手法を（　②　）という。

(3) アイデアや知識を1枚ずつカードや付箋に書き，親和性が高いものをグルーピングしていく手法を（　③　）という。

(4) 創出されたアイデアのうち，コンセプト・テストに合格したアイデアを製品企画書にまとめ承認を得た後に，（　④　）を作成して（④）テストをおこなうのが原則である。

(5) さらに，製品の（　⑤　）を決定し，パッケージなどを制作して（　⑥　）をおこない，製品を完成させていく。

【解答群】
　ア．ブレーンストーミング　　イ．試作品　　　ウ．SCAMPER法　　エ．KJ法
　オ．パッケージテスト　　　　カ．ネーミング

①　　　　　　②　　　　　　③　　　　　　④　　　　　　⑤　　　　　　⑥

~~~ 応 用 問 題 ~~~

問　次の表は，アイデア創出のSCAMPER法をまとめたものである。表中の(1)〜(4)にあてはま
　る内容を解答群から選び，その記号を書きなさい。

視点	意味	考え方
Substitute	代用できるか	(1)
Combine	組み合わせられるか	(2)
Adapt	応用できるか	製品やサービス，技術などに他業種のアイデアを応用したり，過去のアイデアを応用したりできないかなどを考えて，アイデアを創出する。
Modify Magnify Minify	修正できるか・大きくできるか・小さくできるか	(3)
Put to other Uses	他の用途はあるか	(4)
Eliminate	削除できるか	製品やサービス，技術などから何かを取り除くことで新しいことを生み出せないかを考えて，アイデアを創出する。
Reverse	逆にできるか	(5)

【解答群】
　ア．製品やサービス，技術などの他の用途を考えて，アイデアを創出する。
　イ．製品やサービス，技術などを組み合わせ，新しいことを生み出せないか考える。
　ウ．製品やサービス，技術などを他のことに代用できないか考える。
　エ．製品やサービス，技術などを構成する要素を逆にしたり入れ替えたりして新しいこと
　　を生み出せないか考える。
　オ．製品の形状を大きくしたり小さくしたりできないか，製品の色彩などを修正すること
　　はできないかなどを考える。

(1)　　　　　　　(2)　　　　　　　(3)　　　　　　　(4)　　　　　　　(5)

販売計画と販売予測①②

第3節

＊販売計画　＊販売予測　＊テスト・マーケティングと販売予測　＊外部への委託

学習の要点

❶ 販売計画，販売予測の方法を理解する。
❷ テスト・マーケティング，テスト・マーケティングの外部委託について理解する。

基本問題

問1　次の文章の空欄に適切な語句を入れなさい。

(1)　「どの製品を，いつ，どこで，どれだけ，どのような方法で，誰に販売するのか」について定めた計画を（　①　）という。

(2)　（①）を立案する際には，まず，（　②　）を設定する。この（②）は想定販売価格で，どれだけ販売数量が見込めるかを予測することで計算する。この予測のことを（　③　）という。（③）をおこなう際は，最初にその製品の（　④　）の規模の確定が必要である。

(3)　新製品の場合には（④）の規模を推定することになる。一般にさまざまな指数を用いて推定することが多いがこれを（　⑤　）という。

(4)　新製品や大幅なモデルチェンジをおこなった既存の製品を販売する場合，試験的に販売して消費者の反応をみて，販売予測をおこなうことがある。これを（　⑥　）という。

(5)　計画に定めた目標を達成するための活動を統制という。販売計画には従業員の動機づけをはかる（　⑦　），販売活動中の（　⑧　），そして事後的に計画と実際を比較検討する（　⑨　）がある。

①＿＿＿＿　②＿＿＿＿　③＿＿＿＿

④＿＿＿＿　⑤＿＿＿＿　⑥＿＿＿・＿＿

⑦＿＿＿＿　⑧＿＿＿＿　⑨＿＿＿＿

問2　次のテスト・マーケティングの事例は，どのような方式によるものか解答群から選び，その記号を書きなさい。

(1)　会場を用意し複数のテレビコマーシャルを見てもらい，次に新製品や競合他社の製品を陳列した店舗で実際に買い物をしてもらう方式。

(2)　POSシステムを導入しているチェーンストアで試験的に新製品を販売し，競合他社の製品との競合状況や購入した消費者の属性などを分析する方式。

(3)　静岡県や広島県など地域を限定して選び，試験的に新製品を販売する方式。

【解答群】　ア．チェーンストアの協力　　イ．地域限定方式　　ウ．模擬店方式

(1)＿＿＿＿　(2)＿＿＿＿　(3)＿＿＿＿

問1　次の文章を読み，下記の問いに答えなさい。　　　　　　　（商業経済検定第36回修正）

　A社は，新商品を全国発売する前に(a)テスト・マーケティングを実施した。ここでも満足の
いく結果が得られたため，A社は新商品の全国発売を実現させたのである。

　この商品は発売後も順調に売り上げを伸ばしヒット商品の仲間入りを果たした。その後もA
社は新しい味の追求を行い，常に現状に満足することなく商品開発を続けている。

(1)　下線部(a)の説明として，次のなかから適切なものを一つ選びなさい。

　　ア．店内における調査対象の移動経路を観察し，購買行動や購買心理を分析した。

　　イ．モデル地域を設定し，そこで試験的に販売を行うことで市場の反応などを分析した。

　　ウ．調査対象に電話をかけて質問を行い，新たに生じることが予測される需要を探った。

(1) _____

問2　次の文章を読み，下記の問いに答えなさい。　　　　　　　（商業経済検定第35回修正）

　A社は，来春発売予定の新製品の販売計画を立案するために販売予測を行った。エアコンは，
とくに夏の暑さが需要量に影響を与える。そこで，(a)製品の需要量に影響を与えると考えられ
る夏の平均気温予測や住宅建築着工戸数，実質賃金などの要素を総合的に分析・評価し，売上
高や販売動向を予測する方法によって販売予測を行い，売上見込高を算出した。

　次に，売上見込高を基に新製品の売上目標高（目標売上高）を戦略会議で決定し，売上高予
算と売上原価予算，販売費および一般管理費予算を編成した。また，売上目標高を実現するた
めに(b)営業所別に販売割当を設定することにした。そして，立案した販売計画が実施に移ると，
(c)販売活動が円滑に行われ，売上目標高が達成されているかどうかを評価し，必要があれば改
善する管理活動を行うことになる。

(1)　下線部(a)のような販売予測方法を何というか，次から適切なものを一つ選びなさい。

　　ア．意見収集法　　イ．売上高実績法　　ウ．市場指数法

(1) _____

(2)　下線部(b)の効果の一つとして，次のなかから最も適切なものを一つ選びなさい。

　　ア．営業所別に達成すべき目標を示すことで，利害関係者に透明性をアピールできる。

　　イ．営業所別に達成すべき目標を示すことで，新製品の開発のヒントを得ることができる。

　　ウ．営業所別に達成すべき目標を示すことで，販売実績を評価することができる。

(2) _____

(3)　下線部(c)を何というか，次のなかから適切なものを一つ選びなさい。

　　ア．企画　　イ．試作　　ウ．統制

(3) _____

販売計画の立案／生産計画①②

第**4・5**節

＊販売計画の立案　＊差異分析　＊生産計画　＊生産計画の立案　＊生産段階の管理

学習の要点

❶ 販売計画の立案，差異分析について理解する。
❷ 生産計画，品質表の役割について理解する。

[**基 本 問 題**]

問　次の文章の空欄に適切な語句を入れなさい。

(1)　販売予測をもとに，企業の生産体制や販売員の意見，資金繰りの状況などを分析して（　①　）を設定する。

(2)　（①）が設定されたあとに，それにもとづいて（　②　）が編成される。（②）は，将来の一定期間について（①）を達成するために必要な（　③　）と，それにともなう販売活動をおこなうために必要な（　④　）からなる。

(3)　（①）を実現するためには，商品別・営業所別・販売員別・顧客別・地域別といった単位に目標売上高を割り当てる作業が必要となる。これを（　⑤　）という。

(4)　（⑤）のメリットの一つ目は，販売員に達成すべき目標が与えられ（　⑥　）の向上に役立つことがある。

(5)　（⑤）のメリットの二つ目は，営業所や販売員の実績を（　⑦　）する基準となる。

(6)　販売計画をもとに販売活動をおこなった結果，計画と実績の差異が生じる場合がある。この時この差異の原因を分析しなければならない。これを（　⑧　）という。

(7)　製造業では販売計画が立案されたあとに，（　⑨　）を立案することが一般的である。

(8)　現在では，製品の品質にこだわった生産計画を立案する必要がある。消費者が求める品質については，（　⑩　）などを作成し，生産計画に取り込むのが基本である。

(9)　同じ職場内で品質管理活動を自主的におこなう（　⑪　）といった取り組みもされている。

(10)　実際に製品を生産して販売するためには，原材料の仕入れなどに資金を要する。しかし，製品を販売して代金を得るまでには一定の時間がかかるため，その間の（　⑫　）についても，あらかじめ考慮しておく。

①＿＿＿＿＿＿＿＿　②＿＿＿＿＿＿＿＿　③＿＿＿＿＿＿＿＿

④＿＿＿＿＿＿＿＿　⑤＿＿＿＿＿＿＿＿　⑥＿＿＿＿＿＿＿＿

⑦＿＿＿＿＿＿＿＿　⑧＿＿＿＿＿＿＿＿　⑨＿＿＿＿＿＿＿＿

⑩＿＿＿＿＿＿＿＿　⑪＿＿＿＿＿＿＿＿　⑫＿＿＿＿＿＿＿＿

応用問題

問1 下の計画立案から差異分析までの流れを示した図の(1)～(4)にあてはまる言葉を解答群から選び，その記号を書きなさい。

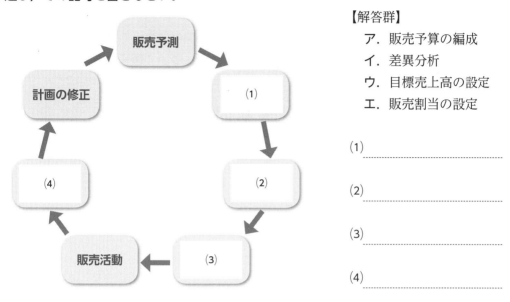

【解答群】
ア．販売予算の編成
イ．差異分析
ウ．目標売上高の設定
エ．販売割当の設定

(1) _____

(2) _____

(3) _____

(4) _____

問2 下の品質表の例を示した表の(1)～(4)にあてはまる内容を解答群から選び，その記号を書きなさい。

要求品質	品質要素	寸法			基本品質			材質等			付随品質	
		高さ	奥ゆき	幅	冷蔵安定性	冷凍安定性	製氷安定性	イオン機能	ノンフロン	真空断熱材	センサー	LED
収納性に優れている	たくさん収納できる	◎	◎	◎	○	○						
	(1)	△	△	△	○	○					◎	
	庫内が見やすい	◎	◎	◎								◎
多機能である（鮮度を保つことができる）	温かい鍋ごと冷蔵室で保存できる	○	○	○	◎				△		△	
	傷みやすい肉や魚のおいしさを保つことができる				◎	◎			○		○	
	冷蔵室内のどこに置いても鮮度が長持ちする	○	○	○	○				△		○	
	(2)	△	△	△		○	◎					
	脱臭機能がついている							◎			△	
環境に優しい	(3)	△	△	△	○	○			◎			
	省エネルギー基準達成率を満たしている	○	○	○	○	○	○		◎	◎	△	△
丈夫である	(4)	○	○	○	○		○					

◎強く関係している　○関係している　△関係する可能性がある

【解答群】
ア．消費電力が小さい
イ．収納場所を自由に切り替えることができる
ウ．電子レンジを上に置くことができる
エ．自動製氷機能がついている

(1) _____　(2) _____　(3) _____　(4) _____

第**6**節 **仕入計画①②**
＊仕入計画　＊仕入計画の立案　＊品揃えの検討

学習の要点
❶ 仕入計画の概要，マーケティングと仕入計画の関係について理解する。
❷ ストアコンセプトの概要，品揃えの４つの分類について理解する。

基本問題

問　次の文章の空欄に適切な語句を入れなさい。

⑴　商品が効率よく多く売れるように仕入先や仕入時期，仕入数量，仕入価格などについて定めた計画を（　①　）という。

⑵　販売計画は通常１年単位で立案されているので，(①) も１年間にわたる（　②　）を最初に立案する。

⑶　(②) をもとに，より詳細な（　③　）を立案する。

⑷　(①) が立案されたら，これに基づき（　④　）を編成する。(④) は（　⑤　）と密接に関係しており，通常は (⑤) が決定されたあとに (④) を決定し，同時に（　⑥　）も決定する。

⑸　小売業者の店舗運営に関するあらゆる事柄を決める際の基本的な考えを（　⑦　）という。

⑹　品揃えには，二つの側面がある。一つは（　⑧　）（広さ）で，二つは（　⑨　）（深さ）である。

⑺　取扱商品の種類が多ければ (⑧) が（　⑩　）という。また，サイズ・色・型・品質などによって識別される商品の品目数が多いほど品揃えの (⑨) が（　⑪　）という。

⑻　売場面積の広い百貨店や総合スーパーなどの大型店舗に適した品揃えを（　⑫　）という。

⑼　(⑫) は多種多様な消費者のニーズに対応できるため（　⑬　）**ショッピング**の利便性を提供できる。

⑽　特定の種類の商品について，徹底的な品揃えをおこなうことを（　⑭　）といい，日常的な生活で便利な品揃えを実現しようとする方法を（　⑮　）という。また，販売効率を高めるため，品揃えの幅を狭くして奥ゆきも浅くすることを（　⑯　）という。

①
②
③
④

⑤
⑥
⑦
⑧

⑨
⑩
⑪
⑫

⑬
⑭
⑮
⑯

応用問題

問　下の品揃えの分類を示した図の(1)〜(4)にあてはまる言葉を解答群から選び，その記号を書きなさい。

【解答群】
　　ア．総合化　　イ．特殊化
　　ウ．標準化　　エ．専門化

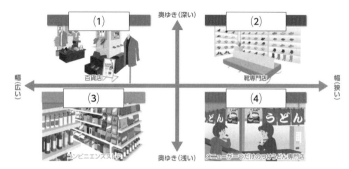

(1) ------------------------　(2) ------------------------

(3) ------------------------　(4) ------------------------

発展問題

問　次の文章を読み，問いに答えなさい。　　　　　　（商業経済検定第33回修正）

　A店は(a)「地域に密着して，安心かつ高品質な商品を提供する店」を店づくりの基本理念として，おいしい農産物や総菜・弁当を地元の生産者や卸売業者から仕入れている。とくに地元の食材を使用した総菜や弁当が評判で，この店の人気商品になっている。一方，菓子については売り上げが落ちている。A店では，以前から菓子の(b)品揃えの方針として標準化の方法をとっている。従業員から聞き取り調査をした結果，人気の総菜や弁当を購入するついでに菓子を手に取る顧客が少ないことがわかった。そのためA店は，菓子の品揃えの方針について変更することを検討した。顧客にとってより魅力的な商品を提供するため，こだわりの品を選択して専門化の方針をとることにした。(c)仕入先については，これまでは仕入先から取引上の優遇や支援を受けやすくするために特定の仕入先と継続的に取引を行う政策をとっていたが，今後は仕入先を特定しない政策をとるようにした。

(1)　下線部(a)を何というか，次のなかから適切なものを一つ選びなさい。
　　ア．ストアイメージ　　イ．ストアロイヤルティ　　ウ．ストアコンセプト
　　　　　　　　　　　　　　　　　　　　　　　　　　(1) ------------------------
(2)　下線部(b)の内容として，次のなかから適切なものを一つ選びなさい。
　　ア．品揃えの幅を広くし，奥行きを深くする方法をとっている。
　　イ．品揃えの幅を狭くし，奥行きを深くする方法をとっている。
　　ウ．品揃えの幅を広くし，奥行きを浅くする方法をとっている。
　　　　　　　　　　　　　　　　　　　　　　　　　　(2) ------------------------
(3)　下線部(c)のような仕入先決定の政策を何というか，漢字を補って正しい用語を完成させなさい。

　　　　　　　　　　　(3)仕入先の ------------------------ 政策

第6節 仕入計画③④

*仕入れる商品の検討　*仕入先の決定　*仕入方法の分類

学習の要点

❶ 商品の特性による5つの商品分類，品揃えのポイントについて理解する。
❷ 仕入先の重点化政策，仕入方法の分類について理解する。

[**基 本 問 題**]

問　次の文章の空欄に適切な語句を入れなさい。

(1) 仕入計画の対象となる商品は，その特性から5つに分類される。まず，長期間陳列され，安定した売上高がある商品を（　①　）という。

(2) 次に，特定の季節や一定の時期の催事に関連して売上高が増加する商品を（　②　）という。

(3) また，スタイルやデザインなど感覚的な要因によって売上高が変動する商品を（　③　）という。

(4) 店頭に陳列することで，その店舗の品格を上げる効果がある商品を（　④　）という。

(5) 来店する消費者を増やすため販売価格を下げた商品を（　⑤　）または，（　⑥　）という。

(6) 一般に売買取引をおこなう場合，取引先の探索や経営状況を調べるなど時間的，事務的なコストが発生する。こうしたコストを抑えるため，特定の仕入先と継続的に取引をおこなうことがある。このような仕入先の決定を**仕入先の（　⑦　）政策**という。

(7) 仕入方法は，仕入回数や仕入数量，仕入先の数などによって分類される。一度に大量の商品を仕入れることを（　⑧　）または（　⑨　）という。

(8) 一方，売れる分だけをその都度こまめに仕入れることを（　⑩　）といい，売れ残りの在庫を抱えるリスクが少ない。

(9) 個別の小売業者が単独で商品を仕入れることを（　⑪　）という。

(10) 一方，複数の小売業者が共同で商品を仕入れることを（　⑫　）という。

(11) チェーンストアの本部などが本部で一括仕入をおこなうことを（　⑬　）という。

(12) 一方，小売業者の各店舗がそれぞれ仕入をおこなうことを（　⑭　）という。

① _____　② _____　③ _____　④ _____

⑤ _____　⑥ _____　⑦ _____　⑧ _____

⑨ _____　⑩ _____　⑪ _____　⑫ _____

⑬ _____　⑭ _____

問　次の文章を読み，問いに答えなさい。　　　　　　　　　　　(商業経済検定第36回修正)

　A店は，「実用的でおしゃれな食器で，毎日の食生活を豊かにする」をストアコンセプトにし，仕入れる商品の品揃えは(a)品揃えの幅を狭くし奥行きを深くして，食器なら何でも揃う品揃えを方針としている。店主は，ストアコンセプトを念頭に置いて市場調査を行い，顧客の需要の動向をとらえたうえで販売計画を立案し，販売計画が決定した後に仕入計画を立案している。A店の(b)仕入計画は，まず年間仕入計画を立案し，これに基づいてより詳細な月別仕入計画を立案する手順で行っている。また，商品別に分けて仕入予算を編成している。

　店主は，品揃えの方針に基づき，常に仕入商品の検討を行っている。食器は，料理を飾る食器から季節や流行を感じたいという顧客のニーズがある。そのため，季節を先取りした商品や流行に乗った商品などの品揃えにも気を配っている。もちろん，(c)安定して売り上げが見込めるため，常に店頭に陳列される商品や，(d)店頭に陳列することにより，店の格式を上げるような効果がある商品なども仕入れている。

　そして，仕入方法については，(e)当用仕入という方法を採用しており，限られた店舗スペースでありながら，顧客がいつ来店しても新たな発見ができるよう工夫を凝らしている。

(1)　下線部(a)のような品揃えの方針として，次のなかから適切なものを一つ選びなさい。
　　ア．品揃えの総合化　　イ．品揃えの専門化　　ウ．品揃えの標準化

　　　　　　　　　　　　　　　　　　　　　　　　　　(1)

(2)　下線部(b)の留意点として，次のなかから適切なものを一つ選びなさい。
　　ア．仕入れに余計なコストをかけることがないように，新商品が発売されても月別に仕入れる商品の数量は毎月同数にすることが必要である。
　　イ．仕入先から取引に際しての優遇を受けることができるように，仕入先の意向に沿って月別仕入計画を立案することが必要である。
　　ウ．急な市場環境の変化にも適切に対応できるように，月別仕入計画については修正の余地を残しておくことが必要である。

　　　　　　　　　　　　　　　　　　　　　　　　　　(2)

(3)　下線部(c)と下線部(d)の組み合わせとして，次のなかから適切なものを一つ選びなさい。
　　ア．(c)定番商品・(d)促進商品　　イ．(c)促進商品・(d)流行商品
　　ウ．(c)定番商品・(d)名声商品

　　　　　　　　　　　　　　　　　　　　　　　　　　(3)

(4)　下線部(e)の説明として，次のなかから適切なものを一つ選びなさい。
　　ア．1回あたりの仕入数量を必要な分だけに限定する方法
　　イ．一定期間に必要な商品を大量にまとめて仕入れる方法
　　ウ．同業他社と協力して数量を取りまとめて仕入れる方法　　(4)

第7節 在庫管理①②

＊商品管理と在庫管理　＊在庫管理の方法　＊ABC分析　＊ダブルビン方式

学習の要点

❶ 商品管理の概要，在庫管理の３つの方法を理解する。
❷ ABC分析の概要について理解する。
❸ ダブルビン方式の概要について理解する。

[**基 本 問 題**]

問　次の文章の空欄に適切な語句を入れなさい。

(1) 商品の生産または仕入，商品の倉庫などへの保管，商品の販売といった一連のサイクルを管理することを（　①　）という。

(2) （①）の中核は，商品の在庫数量を金額的・数量的に管理する（　②　）である。

(3) 一般に百貨店の部門単位での在庫管理や店舗などで用いられる方法は（　③　）による在庫管理である。

(4) また，主に高級な専門品を取り扱う専門店の在庫管理などに用いられる方法は（　④　）による在庫管理である。多くの企業は（③）と（④）による管理を組み合わせて在庫管理をおこなっている。

(5) 一般に取り扱っている商品を売上高の大きい順に並べて左から右に累積し，売上高の累計が全体の70％までをA，70〜90％までをB，90〜100％までをCの３つのグループに分け，AからCへ管理の厳密さを変えて在庫管理をおこなう考え方を（　⑤　）**分析**という。

(6) （⑤）**分析**に際して用いられる，売上高の累計構成比によって作成されたグラフを（　⑥　）という。

(7) （⑤）**分析**でCグループに属する商品については，最も簡易的な在庫管理の手法が用いられる。その代表的な手法は，（　⑦　）**方式**と呼ばれるものである。（⑦）**方式**は，（　⑧　）**方式**，二棚法ともいわれる。

(8) 商品の期末棚卸数量を確認する作業を（　⑨　）といい，在庫確認の基本となる。

(9) 不要な在庫を抱え込むと企業の（　⑩　）が悪くなるといわれている。

①_____　②_____　③_____

④_____　⑤_____　⑥_____

⑦_____　⑧_____　⑨_____

⑩_____

応用問題

問1 下の図は，ABC分析で用いられるパレート図を示したものである。図中の(1)〜(3)の各グループの在庫管理方法にあてはまる内容を解答群から選び，その記号を書きなさい。

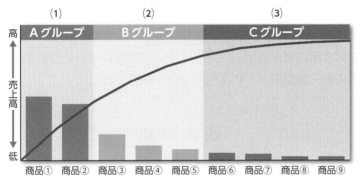

【解答群】
　ア．在庫が切れてから発注する。商品の売上高貢献度は低い。
　イ．在庫が切れないよう意識して厳密な在庫管理をおこなう。商品の売上高貢献度は高い。
　ウ．毎月発注，もしくは在庫が切れたときに発注。商品の売上高貢献度は中くらい。

(1) _____　(2) _____　(3) _____

問2 下の図は，ダブルビン方式を示した図である。図中の(1)・(2)にあてはまる内容を解答群から選び，その記号を書きなさい。

【解答群】
　ア．Bを発注している間は
　　　Aの在庫を使用する
　イ．Aを発注している間は
　　　Bの在庫を使用する

(1) _____

(2) _____

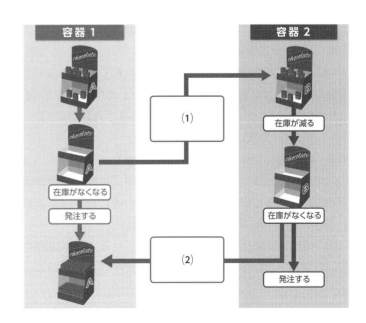

第7・8節 在庫管理③④／製品政策の動向

＊標準在庫高　＊経済的発注法　＊情報通信技術と商品管理　＊サービスの特性
＊新しい製品政策

学習の要点

❶ 標準在庫高の概要，経済的発注法の概要について理解する。

❷ 情報通信技術の商品管理活用，POSシステムの概要について理解する。

❸ サービスの特性，製品のサービス化について理解する。

基本問題

問　次の文章の空欄に適切な語句を入れなさい。

(1) ABC分析でAやBグループに分類される商品は，一般に商品の仕入原価や販売単価が高いため，（　①　）を設定して，欠品や過剰在庫の発生を防がなくてはならない。

(2) （①）は，過去の販売実績や未来への予測をもとに（　②　）在庫を計算したうえで，万一予測が外れても大丈夫なように保有する（　③　）在庫を加算して計算する。

(3) （　④　）は （④）＝年間売上高／平均在庫高　で求められる。

(4) （　⑤　）は （⑤）＝目標売上高／商品回転率　で求められる。

(5) ABC分析で特にBグループに分類される商品は，（　⑥　）発注量を計算して在庫管理をおこなう方法が有効である。

(6) （⑥）発注量をもとにした在庫管理を（　⑦　）という。

(7) かつては帳簿記録で商品管理をおこなっていたが，最近では情報通信技術を用いて商品管理をおこなう方法が主流となっている。たとえばコンビニエンスストアなどで導入されている（　⑧　）システムは販売時点情報管理システムのことである。

(8) （⑧）システムの中核となるコンピュータを（　⑨　）コントローラといい，（　⑩　）に光をあてて商品コードなどを読み取る装置を（　⑪　）という。

(9) 小売業者と卸売業者，メーカーとの間で在庫情報を共有し，小売業者の店舗で商品が売れた瞬間に，その販売情報が共有され，自動的・連続的に商品を補充していく方式を（　⑫　）方式（CRP）という。

(10) 伝統的に製品とサービスは区別され，サービスには4つの特徴がある。物理的なかたちがないという（　⑬　）性，提供時は生産と消費が同時におこなわれる（　⑭　）性，主に人によって提供されるため，その質に違いが生まれる（　⑮　）性，顧客に提供した時点で消滅する（　⑯　）性である。

(11) 最近では製品とサービスが一体となって顧客価値をもたらす（　⑰　）（サービス・ドミナント・ロジック）という考え方が注目されている。

---

①　　　　　　　　　②　　　　　　　　　③　　　　　　　　　④

⑤ .... ⑥ .... ⑦ .... ⑧ ....

⑨ .... ⑩ .... ⑪ .... ⑫ ....

⑬ .... ⑭ .... ⑮ .... ⑯ ....

⑰ ....

〈 発 展 問 題 〉

問1　次の文章を読み，問いに答えなさい。　　　　　　　　（商業経済検定第32回修正）

　A社では，在庫管理の方法を，金額による管理で行っていたが，数量による管理と組み合わせて，両方の利点を活用して在庫高の管理を行うことにした。同時に，POSシステムから得られた情報により，(a)在庫の過不足を防ぐための，基準となる適正な在庫高の検討も必要と考え，算定し直すことにした。このほか，商品の品質・受渡方法・代金の決済方法などの確認・検討を行い，必要に応じて見直すという結論となった。

(1)　下線部(a)を何というか，次のなかから正しいものを一つ選びなさい。

　ア．最低在庫高　　　イ．最高在庫高　　　ウ．標準在庫高　　　(1) ....

問2　次の文章を読み，問いに答えなさい。　　　　　　　　（商業経済検定第35回修正）

　A店は，郊外に立地し古くから地域住民に愛されている商店である。A店は，店主夫婦と息子で店を経営しているが，店主はそろそろ息子に店主として店の管理を任せようと考えており，その前に店の仕入計画と商品管理について客観的に振り返ってみることにした。

　(a)商品の仕入先については，重点化政策をとっている。在庫管理については，開業当初から実地棚卸をしっかり行っているが，発注については店主の経験と勘を頼りにタイミングを見極めていた。しかし店主は，息子に任せる際には適正な在庫高を算定し，仕入数量については(b)商品の特性や仕入価格・諸掛，さらには在庫費用などを総合的に検討して最も有利となる一回あたりの発注量を計算し管理させる必要があると考えている。

(1)　下線部(a)の説明として，次のなかから最も適切なものを一つ選びなさい。

　ア．特定の仕入先と継続的に取引を行い，取引上の優遇を受けやすくする政策である。

　イ．そのつど各仕入先の取引条件を検討し，最も有利な仕入先と取引を行う政策である。

　ウ．仕入先企業の傘下に入り，系列化することで安定供給を受けやすくする政策である。

　　　　　　　　　　　　　　　　　　　　　　　　　　　(1) ....

(2)　下線部(b)を何というか，漢字3文字を補って正しい用語を完成させなさい。

　　　　　　　　　　　　　　　(2) .... 発注量

第**1**節

価格政策の概要①

＊価格政策の目的と重要性　＊価格の構成要素　＊価格政策の分類

学習の要点

❶ 価格政策の目的と重要性を理解する。
❷ 価格の構成要素，価格政策の分類について理解する。

[基 本 問 題]

問1　次の文章の空欄に適切な語句を入れなさい。

(1) 企業が消費者の事情を考慮しながら適正な価格を設定することを（ ① ）という。

(2) 一般に生産者から卸売業者や小売業者などの流通業者を経て，製品は消費者に販売されることが多い。このとき生産者は卸売業者に対して（ ② ）に（ ③ ）（販売費及び一般管理費）と利益を付加して（ ④ ）を設定する。

(3) さらに製品は，卸売業者から小売業者へ販売され，それぞれの段階で（ ⑤ ）に営業費と利益が付加されていく。

(4) 小売業者が消費者に販売するときの価格を消費者側からみると，（ ⑥ ）価格となり，小売業者からみると（ ⑦ ）価格となる。

① _____　② _____　③ _____　④ _____

⑤ _____　⑥ _____　⑦ _____

問2　次の文章の空欄に適切な語句をいれなさい。また，(1)〜(3)はそれぞれどのような視点から価格政策を分類したものか，解答群から選び，その記号を書きなさい。

(1) 製造業にとって，製造原価を上回る価格を設定して，利幅を確保することが重要となる。こうした価格政策を（ ① ）志向型の価格決定法（コストプラス法）という。

(2) 競合の動向や製品の性質，他の業界からの参入が容易かどうかなどを考慮して価格を設定することを（ ② ）志向型の価格決定法という。

(3) 顧客が適正と考える価値や顧客の心理的特性を考慮して価格を決定することがある。価値を考慮する場合を（ ③ ）志向型の価格決定法といい，心理的特性を考慮する場合を（ ④ ）志向型の価格決定法という。

【解答群】

ア．競合の視点　　イ．市場・顧客の視点　　ウ．自社の視点

① _____　② _____　③ _____　④ _____

(1) _____　(2) _____　(3) _____

問　下の図は一般的な価格の構成要素を示した概念図である。図の(1)〜(6)にあてはまる語句を解答群から選び，その記号を書きなさい。なお，同じ番号の空欄には同じ語句が入る。

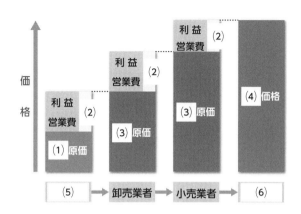

【解答群】
　ア．販売　　イ．利幅　　ウ．仕入　　エ．生産者　　オ．製造　　カ．消費者

(1) _____　　(2) _____　　(3) _____　　(4) _____　　(5) _____　　(6) _____

〈 発 展 問 題 〉

問　次の文章を読み，問いに答えなさい。　　　　　　　　　　　　　　（商業経済検定第35回修正）

　価格設定の一つとして，(a)メーカーが製品の販売価格を設定する際は，製造原価に販売費や利益などの利幅を加えて設定することがある。また，流通業者も同じように，仕入原価に一定の利幅を加えて販売価格を設定する値入れ（マークアップ）を行う。例えば，仕入原価2,400円に対する利幅を600円とし，この利幅を加えて販売価格を3,000円となるように設定する。この場合の値入率の計算式は□□□□□となる。

(1)　下線部(a)のような価格設定の方法を何というか，次のなかから適切なものを一つ選びなさい。
　　ア．コスト（原価）志向型価格設定
　　イ．需要志向型価格設定
　　ウ．競争志向型価格設定　　　　　　　　　　　　　　　　　　　　(1) _____

(2)　文中の□□□□□に入る計算式として，次のなかから正しいものを一つ選びなさい。
　　ア．$\dfrac{600円}{3,000円} \times 100 = 20\%$　　イ．$\dfrac{600円}{2,400円} \times 100 = 25\%$　　ウ．$\dfrac{2,400円}{3,000円} \times 100 = 80\%$

　　　　　　　　　　　　　　　　　　　　　　　　　　　　　　　　　(2) _____

第1節

価格政策の概要②

＊原価志向型の価格決定法

学習の要点

❶ 原価志向型の価格決定法について理解する。
❷ 損益分岐点分析の考え方を理解する。

[基 本 問 題]

問　次の文章の空欄に適切な語句を入れなさい。

(1) 原価志向型の価格決定法のうち，製造業を営む企業の多くが採用しているのは，（　①　）法（原価加算法）である。

(2) （①）法は製造原価に一定の利幅を加えて販売価格を決定する方法で，以下の式で計算される。　　製造原価＋（　②　）＝販売価格

(3) あるいは，販売価格に対する利幅の割合（利幅率）をあらかじめ決定しておき，製造原価に掛けて販売価格を決定することもある。それは，以下の式で計算される。
　　　　　　　製造原価×（　③　）＝販売価格

(4) 原価志向型の価格決定法のうち，小売業者の多くが採用しているのが（　④　）法である。仕入原価に一定の利幅を加えて販売価格を決定する。利幅を加えることを（　⑤　）（マークアップ）ともいう。

(5) このとき仕入原価に対する利幅の割合を（　⑥　）といい，以下の式で計算される。
　　　　　　　（⑥）＝{利幅／（　⑦　）}×１００（％）

(6) 一方で，利幅率をみることもある。利幅率は，以下の式で計算される。
　　　　　　　利幅率＝{利幅／（　⑧　）}×１００（％）

(7) （①）法や（④）法を採用する場合，どの程度販売すれば，どれくらい利益を確保できるのかを把握する必要がある。このとき活用されるのが（　⑨　）分析である。

(8) （⑨）分析をおこなう場合，売上高に比例して増減する（　⑩　）と売上高に関係なく一定額発生する（　⑪　）の二つに総費用を分類する。次に横軸に売上高，縦軸に費用・収益をとったグラフを書き，原点を通る（　⑫　），（⑩）と（⑪）を合わせた（　⑬　）を記入すると（　⑭　）が完成する。

① _____　② _____　③ _____　④ _____

⑤ _____　⑥ _____　⑦ _____　⑧ _____

⑨ _____　⑩ _____　⑪ _____

⑫ _____　⑬ _____　⑭ _____

⁄ 応 用 問 題 ⁀

問　下の図は利益図表である。図の(1)～(6)にあてはまる語句を解答群から選び，その記号を書きなさい。なお，同じ番号の空欄には同じ語句が入る。

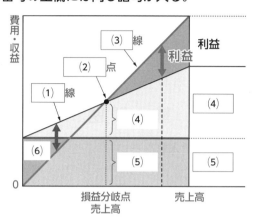

【解答群】

　ア．変動費　　イ．損失　　ウ．売上高　　エ．損益分岐　　オ．総費用　　カ．固定費

(1) _____　(2) _____　(3) _____　(4) _____　(5) _____　(6) _____

⁄ 発 展 問 題 ⁀

問　次の文章を読み，問いに答えなさい。　　　　　　　　　　　　　（商業経済検定第34回修正）

　A社は，来年度販売する新製品についての販売計画を立案することにした。販売予測で数値化した結果を基に売上目標高（目標売上高）を設定するために，(a)固定費や変動費，売上高の見積もりを用いて利益図表（損益分岐図表）による損益分岐点の分析を行った。分析の結果，検討内容に問題がないことを確認したうえで戦略会議を開いて，最終的に売上目標高を決定した。また，A社は，価格設定をするにあたり，仕入原価800円に利幅200円を加えて，販売価格を1,000円となるようにした。この場合の値入率の計算式は　ⓑ　となる。

(1)　下線部(a)の目的として，次のなかから最も適切なものを一つ選びなさい。

　　ア．安全性の検討を行うこと

　　イ．効率性の検討を行うこと

　　ウ．採算性の検討を行うこと　　　　　　　　　　　　　　(1) _____

(2)　ⓑ　にあてはまる式を次のなかから一つ選びなさい。

　ア．$\dfrac{200円}{800円} \times 100 = 25\%$　　イ．$\dfrac{200円}{1,000円} \times 100 = 20\%$　　ウ．$\dfrac{800円}{1,000円} \times 100 = 80\%$

(2) _____

第1節　価格政策の概要③

＊競争志向型の価格決定法　＊需要志向型の価格決定法

学習の要点

❶ 競争志向型の価格決定法について理解する。
❷ 需要志向型の価格決定法について理解する。

[**基本問題**]

問1　次の文章の空欄に適切な語句を入れなさい。

(1) 競争志向型の価格決定法のうち，競合他社や業界の（　①　）リーダーが設定した価格をもとにして，販売価格を決定する方法を（　②　）**価格法**という。

(2) 主に生産財については，発注する企業からの見積もり依頼に対して複数の企業が見積書を提示し，一番低い価格を提示した企業が受注する。こうした販売価格の決定を（　③　）**価格法**という。

(3) 需要志向型の価格決定法では，消費者に対する「魅力の度合い」で製品やサービスの価格が決まる。消費者が製品やサービスに抱く品質や機能に対する価値判断を（　④　）という。

① _____　② _____　③ _____　④ _____

問2　次の文章は，消費者の知覚価値によって設定される価格の事例である。あてはまる価格を解答群から選び，その記号を書きなさい。

(1) 1台5,000円のパソコンが販売されていたら，多くの消費者はその機能に不安を覚えて購入をためらうことだろう。このように，それより低い価格だと消費者が製品やサービスの品質や機能に不安感を抱くような価格をいう。

(2) 1本100円の清涼飲料水は妥協できるが，1箱1,000円のティッシュペーパーは高いと感じる消費者は多い。消費者が妥協できる価格という意味で，この心理的な基準に適合した価格をいう。

(3) 消費者にとって高すぎる価格でもなく，低すぎる価格でもない価格をいう。場合によってはその価格が製造原価を下回る場合があるので，そのまま販売価格に設定できない場合が多い。

(4) 「これ以上高い価格だと，誰も購入しなくなる」という価格をいう。たとえば一部の高級品やサービスの価格設定にあたっては，これを参考に価格設定をする場合がある。

【解答群】
　ア．理想価格　　イ．最低価格　　ウ．最高価格　　エ．妥協価格

(1) _____　(2) _____　(3) _____　(4) _____

問3 次の文章で正しいものには○を，誤っているものには×を記入しなさい。

(1) 同じ製品であっても販売する場所や時間によって販売価格が異なることはない。販売価格はどこでも一律に同じである。

(2) 製品やサービスをいくつかのセグメントに分割し，需要が大きいセグメントには低めの価格を設定するという需要差別による価格設定をおこなうことがある。

(3) 需要志向型の価格設定の場合，消費者に受け入れられる価格を先に計算し，そのあとで製造原価や利益を見積もる。

(4) 需要志向型の価格設定の場合は，最低価格と最高価格の間で，最も売上高あるいは利益が多くなる価格を設定していくことになる。

(1)		(2)		(3)		(4)	

〈 **発展問題** 〉

問1 次の文章を読み，問いに答えなさい。　　　　　　(商業経済検定第35回修正)

　メーカーが新製品を市場に導入する際に市場へ製品を導入した後，他のメーカーが同様な製品を販売するようになると，価格競争が激化する場合がある。また，市場環境の変化によって原材料が値上がりすることもある。そのような場合，企業は利益を失わないようにするために製品の価格安定策をとることがある。このうち，(a)原材料の値上がりによって製造原価が高くなったような場合に，まず業界の有力企業が値上げを行い，他の企業もそれに追随して，とくに取り決めや申し合わせがなくても値上げをする場合がある。このとき，事前の話し合いや協定などがあれば独占禁止法違反となってしまう。

(1) 下線部(a)を何というか，次のなかから適切なものを一つ選びなさい。

　ア．再販売価格維持政策　　イ．価格指導制　　ウ．名声価格政策

(1) ⎯⎯⎯⎯⎯⎯⎯⎯⎯⎯⎯⎯⎯

問2 次の文章を読み，問に答えなさい。　　　　　　(商業経済検定第36回修正)

　価格の維持・安定を目的として，(a)競争関係にある企業どうしが価格競争を恐れて競合他社との間で価格を取り決めたり協調的な行動をとったりすることがある。しかし，こういう行動は消費者に不利益をもたらすことになるため，法律により原則として禁止されている。

　消費者が商品やサービスを購入する際に，小売価格は重要な要素であるとともに，売り手にとっても大事な要素であるため，購買心理を理解し適切に設定されなければならない。

(1) 下線部(a)を何というか，次のなかから適切なものを一つ選びなさい。

　ア．再販売価格維持政策　　イ．価格カルテル　　ウ．リベート政策

(1) ⎯⎯⎯⎯⎯⎯⎯⎯⎯⎯⎯⎯⎯

価格政策の概要④⑤

＊消費者志向型の価格決定法　＊新製品の価格政策

学習の要点

❶ 消費者志向型の価格決定法について理解する。
❷ 上澄価格，市場浸透価格について理解する。

[基 本 問 題]

問1　次の文章の空欄に適切な語句を入れなさい。

(1)　消費者が製品やサービスの価格に感じる割安感など消費者の心理をもとにして価格を決定することを（　①　）志向型の価格決定という。

(2)　製品やサービスの価格を1,000円や500円に設定するのではなく，980円や498円などのように半端な数字に設定することを（　②　）政策という。

(3)　製品やサービスの価格を長期にわたり一定に設定することを（　③　）政策という。

(4)　製品やサービスをあえて高く設定し，ブランドなどの価値を高め，消費者に社会的地位を感じさせる価格政策を（　④　）政策（名声価格政策）という。

(5)　100円ショップのようにすべての製品やサービスの価格を均一に設定することを（　⑤　）政策という。

(6)　同一種類の製品で品目が多数あるシャツやネクタイなどについて，一般的に個別の価格設定をせず，数段階ごとに価格を設定することを（　⑥　）政策という。たとえば回転寿司のように1枚あたりの価格によって皿の種類が異なる場合もこの一つの例である。

(7)　一般に競合他社が簡単に真似できないような技術を用いた製品は，販売初期の段階から高い販売価格を設定し，販売初期の段階で製造原価を回収しようとする。このような価格を（　⑦　）価格という。

(8)　（⑦）価格に対して，初期の販売価格を低く設定し，多くの消費者を惹きつけて市場シェアを獲得しようとする価格戦略がある。この販売価格を（　⑧　）価格という。

①　　　　　　　　　②　　　　　　　　　③　　　　　　　　　④

⑤　　　　　　　　　⑥　　　　　　　　　⑦　　　　　　　　　⑧

問2　次の文章が上澄価格の条件の場合は㋐を，浸透価格の条件の場合は㋑を書きなさい。

(1)　販売価格を引き下げても十分な利益を獲得できるだけ消費者が増加していること。

(2)　新製品の品質やイメージが，高い販売価格に見合っていること。

(3)　技術やデザインに革新性や新規性があり，競合他社が簡単に真似できないこと。

(4)　生産量が増加するにつれて製造原価が下がり，売上高が増加するにつれて販売費及び一般管理費が下がること。

(1)		(2)		(3)		(4)	

〈 発展問題 〉

問　次の文章を読み，問いに答えなさい。

（商業経済検定第36回修正）

　消費者は通常，商品やサービスの品質と価格を比較して購入を決定するため，売り手は，慎重に商品の価格を設定する。メーカーが，新製品を市場に導入する際に行う価格設定政策として，次の二つの価格設定を検討する。一つ目は，(a)市場導入時にできるだけ早く市場に行き渡らせ，市場占有率を拡大することを目指して価格を低く設定する政策である。この政策は，需要の価格弾力性が高い場合に採用することが多い。二つ目は，(b)開発にかかった費用をいち早く回収することを目指して，市場導入時に価格を高く設定する政策である。この政策は，需要の価格弾力性が低い場合や他の企業に模倣されにくい製品の場合に採用することが多い。

　小売業者が設定する小売価格は，消費者の購買心理に基づいて設定される。消費者は，過去の購買経験や情報などに基づき，妥当だと思われる価格帯のイメージをもっている。これを参照価格といい，この参照価格を適切に把握して次のような価格設定を行う。まず，参照価格が長期間定着し慣習価格となった場合には(c)慣習価格政策を採用することがある。自動販売機で販売される清涼飲料水が典型的な例である。次に，1,980円や29,800円といったようにお買い得感を強調する　(d)　政策がある。これは，最寄品や買回品など，多くの商品で採用されている。また，あえて高めの価格に設定することで，品質の良さを訴求したりステイタスシンボルとして意識させたりすることができる　(e)　政策がある。

(1)　下線部(a)のような販売価格政策を何というか，正しい用語を完成させなさい。

(1)　　　　　　　　　　　　　　　　　価格政策

(2)　下線部(b)のような販売価格政策を何というか，正しい用語を完成させなさい。

(2)　　　　　　　　　　　　　　　　　価格政策

(3)　下線部(c)の説明として，次のなかから適切なものを一つ選びなさい。

　　ア．あらかじめ商品に値札をつけ，どの顧客に対しても同じ価格で販売する価格政策
　　イ．多くの顧客を店に引きつけるため，ふだんより大幅に安い価格で販売する価格政策
　　ウ．値上げによる売上高の減少を抑えるため，顧客がなじんだ価格を維持する価格政策

(3)　　　　　　　　　　　　　　　

(4)　　(d)　，　(e)　にあてはまる語句を入れなさい。

(4)　(d)　　　　　　　　　　　　(e)

第**2**節

価格政策の動向①②

＊価格の弾力性　＊ダイナミック・プライシング　＊フリーミアム　＊サブスクリプション

学習の要点

❶ 価格と需要の関係，需要の価格弾力性について理解する。
❷ 情報通信技術の発展を背景とした価格政策の動向，ダイナミック・プライシングの概要を理解する。

[**基 本 問 題**]

問　次の文章の空欄に適切な語句を入れなさい。

(1)　2008年にある食品メーカーが，カップ麺の（　①　）価格を15円値上げした。その結果，スーパーマーケットなどでの（　②　）価格は約30円値上がりし，値上げ前の売上高と比較して約50％の大幅な売上高の減少となってしまった。

(2)　需要は価格の変化に反応する。この需要と価格の関係は，一般に（　③　）下がりの（　④　）で示すことができる。

(3)　このとき価格の変化に対して需要がどのように変化していくのかを理解するには，需要の（　⑤　）を調べなければならない。

(4)　需要の（⑤）＝｛需要の変化率（％）／（　⑥　）の変化率（％）｝の絶対値

(5)　需要の（⑤）が1よりも（　⑦　）場合は，需要は弾力的であるといい，価格を1％あげると少なくとも1％より多くの需要が失われる。逆に需要の（⑤）が1よりも（　⑧　）場合は，需要は非弾力的であり，価格を1％値上げしても需要の減少は1％よりも少ないことがわかる。

(6)　情報通信技術の発展は，価格政策のあり方も進化させている。たとえば航空運賃のように需要が急激に低下した際は販売価格を下げ，逆に上昇した際は販売価格を上げることが可能となっている。こうした価格設定を（　⑨　）・プライシングという。

(7)　基本的な製品やサービスを無料で提供し，より高性能な製品や高付加価値のサービスを有料で提供することを（　⑩　）という。

(8)　一定の金額を支払うと一定期間にわたり音楽が聴き放題だったり，動画の視聴が自由にできたりするサービスを（　⑪　）という。

① _____　② _____　③ _____　④ _____

⑤ _____　⑥ _____　⑦ _____　⑧ _____

⑨ _____　⑩ _____　⑪ _____

問　価格が1,000円の製品を10％値上げしようとしている企業がある。その企業は製品の需要
曲線を計算し，販売価格が1,000円のとき需要量は10,000個だったが，1,100円になると
8,000個に減少することがわかった。このとき(1)～(3)にあてはまる数字を書きなさい。

価格の変化率＝ ____(1)____ ％　　　需要の変化率＝ ____(2)____ ％　　　需要の価格弾力性＝ ____(3)____

(1) _____　(2) _____　(3) _____

発 展 問 題

問1　次の文章を読み，問いに答えなさい。　　　（商業経済検定第34回修正）

　A社が発売した洗濯用洗剤は，ボール型の洗剤を入れるだけで済み，計量の手間がなく液だ
れの心配もないことから，家事や子育てに忙しい家庭を中心に人気を集めている。A社はこの
(a)新商品を発売するにあたり，大きな市場を獲得してブランドロイヤルティを確立させようと，
思い切った安い価格を設定した。こうした価格政策は，一般的に大きな需要が見込める大衆品
や，(b)需要の価格弾力性が大きい商品で多く採用されている。A社は，この新商品には安い価
格を設定する価格政策が適していると判断したのである。

　(1)　下線部(a)のような販売価格政策を何というか，正しい用語を完成させなさい。

(1) _____ 政策

　(2)　下線部(b)の説明として，次のなかから適切なものを一つ選びなさい。

　　ア．販売価格が下がった場合に，需要量が急激に減少する商品
　　イ．販売価格が下がった場合に，需要量が急激に増大する商品
　　ウ．販売価格が下がっても，需要量に大きな変化がみられない商品

(2) _____

問2　次の文章を読み，問いに答えなさい。　　　（商業経済検定第35回修正）

　インターネットの進展と同時に，(a)サブスクリプションと呼ばれるビジネスモデルが急激に
伸びている。これは，商品やサービスを一度で売り切るのではなく，月額や年額などの定額制
で継続的に課金し利用するものである。一度で売り切ってしまうと，顧客との関係はそこで終
わってしまうが，サブスクリプションでは契約期間中は顧客との関係が継続する。

　(1)　下線部(a)の事業者側の利点として，次のなかから最も適切なものを一つ選びなさい。

　　ア．所有権が顧客に移転するため，商品やサービスの保証やサポートをする必要がない。
　　イ．継続的に顧客数や売上高を予測できるため，安定して収益をうみ出すことができる。
　　ウ．顧客が利用する期間が不安定なため，契約をいつでも自由に解除することができる。

(1) _____

第3節　価格に関する法的規制

＊独占禁止法　＊景品表示法

学習の要点

❶ 価格に関する法的な規制とその重要性を理解する。

❷ 価格カルテルの事例を調べる。

[基本問題]

問1　次の文章の空欄に適切な語句を入れなさい。

(1)　わが国では，基本的にどの企業も自由に価格設定をおこなうことができる。しかし，場合によっては消費者が不利な立場に立たされることがあるため，（　①　）法により自由で公正な市場が確保されるようになっている。

(2)　企業は独自に製品やサービスの販売価格や販売数量を決定するが，企業同士が連絡を取り合い，競争を制限することを（　②　）という。

(3)　入札型価格法において，入札に参加する企業が事前に連絡を取り合い，受注する企業やその金額を決定することを防止するため（①）法は（　③　）を禁止している。

(4)　メーカーや卸売業者が小売業者間で価格競争におちいらないため，一定の価格【（　④　）】を義務づけることがある。書籍や雑誌，新聞，CDなどでは（④）による小売業者への拘束【（　⑤　）】を認めている。

(5)　価格などの不当表示や過大な景品類の提供を規制するために制定されているのが（　⑥　）法である。

(6)　価格の不当表示は，実際よりも消費者にとって有利と誤認される（　⑦　）表示となる。そのなかでも実際の販売価格と比較される価格が並べて書かれているのが（　⑧　）表示である。

①＿＿＿＿＿＿＿＿＿＿　②＿＿＿＿＿＿＿＿＿＿　③＿＿＿＿＿＿＿＿＿＿

④＿＿＿＿＿＿＿＿＿＿　⑤＿＿＿＿＿＿＿＿＿＿　⑥＿＿＿＿＿＿＿＿＿＿

⑦＿＿＿＿＿＿＿＿＿＿　⑧＿＿＿＿＿＿＿＿＿＿

問2　次の文章で正しいものには○を，誤っているものには×を記入しなさい。

(1)　価格カルテルでは，多くの場合，競争によって均衡するよりも低い価格が維持される。

(2)　入札に参加する企業が事前に連絡を取り合い，受注する企業や金額を決定していた場合，政府や地方公共団体がおこなう公共事業などは割高な価格で実施され，税金が無駄に使用される。そこで独占禁止法は入札談合を禁止している。

(3) メーカーや卸売業者が，小売業者間で価格競争におちいらないために，一定の価格を義務づけることがある。映画や演劇などは再販売価格による小売業者への拘束を認めている。

(4) 店舗内の一部の製品だけを対象とした値引きしかしていなくても「全店２割引」といった表示をすると消費者の利益が損なわれるので，こうした不当表示や過大な景品類の提供は法律で規制されている。

(1)		(2)		(3)		(4)	

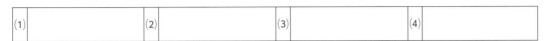

問　下のグラフは公正取引委員会による法的措置件数等の推移を示したものである。グラフの(1)〜(3)にあてはまるものを解答群から選び，その記号を書きなさい。

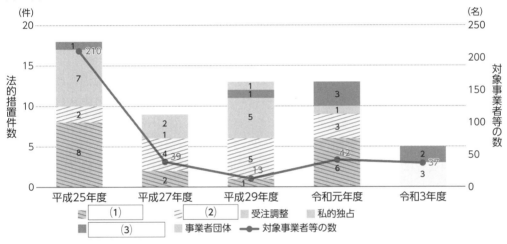

（公正取引委員会「独占禁止法違反事件の処理状況について（平成28年度，令和3年度）」より）

【解答群】

　ア．不公正な取引方法　　　イ．価格カルテル　　　ウ．入札談合

(1) ＿＿＿＿＿＿＿　　　　(2) ＿＿＿＿＿＿＿　　　　(3) ＿＿＿＿＿＿＿

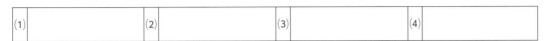

問　次の文章を読み，問いに答えなさい。　　　　　　　　　　　（商業経済検定第36回修正）

　価格の維持・安定を目的として，(a)競争関係にある企業どうしが価格競争を恐れて競合他社との間で価格を取り決めたり協調的な行動をとったりすることがある。しかし，こういう行動は消費者に不利益をもたらすため，法律によって原則として禁止されている。

(1) 下線部(a)を何というか，次のなかから適切なものを一つ選びなさい。

　　ア．再販売価格維持政策　　　イ．価格カルテル　　　ウ．リベート政策　　　(1) ＿＿＿＿＿＿＿

第1節 チャネル政策の概要①

＊チャネルとは　＊チャネル政策

学習の要点

❶ ３つのチャネルについて理解する。
❷ 生産者にとってのチャネルの重要性について理解する。

[基 本 問 題]

問1　次の文章の空欄に適切な語句を入れなさい。

(1) メーカーなどの生産者と消費者をつなぐ経路のことを（　①　）という。

(2) （　②　）が移っていく経路のことを（　③　）チャネル（取引流通）という。具体的には生産者から（　④　）業者へ製品を販売し，(④) 業者から消費者へ製品を販売することで（②）が移っていくことを指す。

(3) （　⑤　）自体が移っていく経路のことを（　⑥　）チャネル（物的流通）という。具体的には，生産者が発送した製品を倉庫に保管し，トラックなどで消費者のもとへ配送するまでの間に効率よく運ぶことを指す。

(4) （　⑦　）が移っていく経路のことを（⑦）チャネル（情報流通）という。具体的には，生産者が消費者に対して製品の特徴を伝えることや消費者から生産者に製品に関する意見を伝えるといったことを指す。

(5) 自社が生産した製品を購入してもらうために，企業は効率よく製品を届けるチャネルを組み合わせる必要がある。その組み合わせを考えることを（　⑧　）という。

① _____　② _____　③ _____

④ _____　⑤ _____　⑥ _____

⑦ _____　⑧ _____

問2　次の文章で正しいものには○を，誤っているものには×を記入しなさい。

(1) 流通業者から消費者へ製品を販売することで著作権が移ることを商流チャネルという。

(2) 物流チャネルとは，製品自体が移っていく経路のことを指す。

(3) 消費者から生産者に製品に関する意見を伝えることは，情報チャネルにはならない。

(4) チャネル政策を展開する際に発生するさまざまなコストは考慮する必要はない。

(1)		(2)		(3)		(4)	

問　下の図は３つのチャネルを示したものである。図の(1)～(4)にあてはまる言葉を解答群から
　選び，その記号を書きなさい。

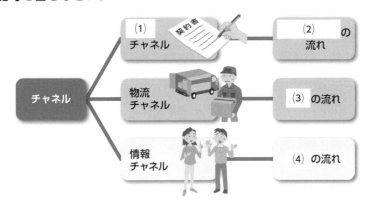

【解答群】
　　ア．製品　　　　イ．取引（所有権）　　　ウ．情報　　　　エ．商流

(1) _____　　(2) _____　　(3) _____

(4) _____

発 展 問 題

問　次の文章を読み，問いに答えなさい。　　　　　　　　　　　　　（商業経済検定第35回修正）

　A社は，スナック菓子を製造し全国に販売しているメーカーである。自社製品をより多くの
消費者に円滑に届けるために，(a)さまざまな販売経路を組み合わせて販売している。A社が製
造するスナック菓子のような製品は，わが国では従来(b)伝統的経路と呼ばれる販売経路によっ
て供給されていることが多い。この経路でA社の製品の多くが供給されている。

(1)　下線部(a)のことを何というか，カタカナで正しい用語を記入しなさい。

　　　　　　　　　　　　　　　　　　　　　　　　(1) _____ 政策

(2)　下線部(b)の説明として，次のなかから適切なものを一つ選びなさい。
　　ア．製品が，中間業者を経由せず生産者から直接消費者へ届けられる形態である。
　　イ．製品が，生産者から小売業者のみを経由して消費者へ届けられる形態である。
　　ウ．製品が，生産者から卸売業者と小売業者を経由して消費者へ届けられる形態である。

　　　　　　　　　　　　　　　　　　　　　　　　(2) _____

第1節 チャネル政策の概要②③

＊卸売業者の概要　＊小売業者の概要　＊小売業者の立地　＊生産者に対する役割

学習の要点

❶ 卸売業者の概要，最小総取引数の原理と集中貯蔵の原理について理解する。
❷ 小売業者の役割，小売業者の売上高には店舗立地が関係することについて理解する。

[**基本問題**]

問1　次の文章の空欄に適切な語句を入れなさい。

(1) 生産者は，チャネルの途中に流通業者を入れることで，効率よく消費者に製品を届けようとすることが多い。流通業者は主に，（　①　）業者と（　②　）業者に分けられる。

(2) 生産者が開発した製品をスーパーなどで販売することを考える。生産者からスーパーに別々に製品を配送すると手間とコストがかかる。しかし，チャネル上に卸売業者が存在すると，生産者は製品を卸売業者に貯蔵してもらい，そこからそれぞれの小売業者へまとめて製品を発送できる。これにより，チャネル全体の総取引量が減る。この考え方を（　③　）の原理（取引総単純化の原理）という。

(3) 製品の需要が大きいのにもかかわらず，十分な在庫を用意していないと小売業者は販売の機会を逃すことになる。そこで，卸売業者がメーカーと小売業者の間に介在し在庫を保有して，小売業者が必要なときに在庫を提供する。この考え方を（　④　）の原理（不確実性プールの原理）という。

(4) 卸売業者などから購入した製品を最終消費者に販売している業者のことを（　⑤　）業者という。

(5) （⑤）業者にとっては，その（　⑥　）や（　⑦　）以上に，どこに立地するかが売上高の多くを左右するといわれている。とりわけ立地予定付近の（　⑧　）の分析は必須である。

①＿＿＿＿＿＿＿＿　②＿＿＿＿＿＿＿＿　③＿＿＿＿＿＿＿＿

④＿＿＿＿＿＿＿＿　⑤＿＿＿＿＿＿＿＿　⑥＿＿＿＿＿＿＿＿

⑦＿＿＿＿＿＿＿＿　⑧＿＿＿＿＿＿＿＿

問2　次の文章の下線部分が正しいものには○を，誤っているものには正しい用語を記入しなさい。

(1) コンビニエンスストアとスーパーマーケットは卸売業者にあたる。

(2) 小売業者の多くは規模が小さく，地理的にも全国に広く存在している。工業統計調査では，1982年以降，小売業の事業所は一貫して減少傾向にある。

(3) ある衣料品の生産者は，航空写真などを分析し，立地候補の半径2キロメートル以内に3つ以上の小学校があることを立地条件としている。その場合は，約5,000世帯の住民が居住していると想定され，住民が衣料品に支出する1年あたりの金額を文部統計年報で計算し，採算ラインを決めているからである。

(4) 小売業者は単に製品を販売するだけでなく，消費者からの質問やクレームに対応する窓口ともなる。

(1)		(2)		(3)		(4)	

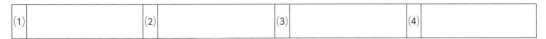

応用問題

問　下の図は最小総取引数の原理と集中貯蔵の原理を示したものである。図の(1)〜(4)にあてはまる数式を解答群から選び，その記号を書きなさい。

卸売業者が存在しないときの取引数

生産者A　生産者B　生産者C　生産者D

小売業者A　小売業者B　小売業者C　小売業者D

(1)

生産者A，B，C，Dは小売業者A，B，C，Dにそれぞれ製品を発送する。つまり，生産者には発送する手間とコストがかかってしまう取引となる。

卸売業者が存在するときの取引数

生産者A　生産者B　生産者C　生産者D

卸売業者

小売業者A　小売業者B　小売業者C　小売業者D

(2)

生産者から小売業者A，B，C，Dへそれぞれ別々に発送する必要がなくなる。つまり，生産者には発送する手間とコストがかからない取引となる。

●小売業者4社が50個ずつ在庫をもとうとする場合

生産者

小売業者A　小売業者B　小売業者C　小売業者D
50個　　　50個　　　50個　　　50個

(3)

❶ 小売業者は，売れることを予想して製品を仕入れる。

❷ 仮に売れ残ってしまったときの在庫数が多くなってしまう。

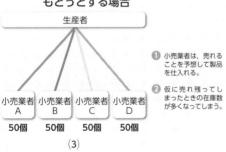

●卸売業者が120個の在庫をもち，小売業者がそれぞれ20個ずつ仕入れる場合

生産者

在庫40個　卸売業者

小売業者A　小売業者B　小売業者C　小売業者D
20個　　　20個　　　20個　　　20個

(4)

❶ 小売業者の在庫数は少なくなるが，仮に在庫が切れても，必要な分を卸売業者から再度仕入れればいいので，売れ残りを減らすことができる。

❷ チャネル全体での在庫数を減らすことにつながるので，配送や在庫処理にかかるコストの削減につながる。

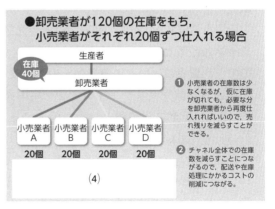

【解答群】

ア．　4社×50個＝200個　　　イ．　4社×20個＝80個

ウ．　4社×4社＝16回　　　エ．　4社＋4社＝8回

(1) _____　(2) _____　(3) _____　(4) _____

第2節 チャネルの種類と特徴①②

*チャネルの長短　*生産財のチャネル　*チャネルの広さと狭さ

学習の要点

❶ チャネルは長短で分類できること，生産財のチャネルは短いことを理解する。
❷ チャネルは広さと狭さでも分類できること，さらに3つに分類できることを理解する。

基本問題

問　次の文章の空欄に適切な語句を入れなさい。

(1)　チャネルは卸売業者や小売業者の数により分類できる。この卸売業者と小売業者の数を（　①　）と表現する。

(2)　「チャネルが長い」という場合，生産者と消費者の間に存在する卸売業者と小売業者の数が（　②　）。一方，「チャネルが短い」という場合，卸売業者と小売業者の数は少ない。

(3)　生産者は製品やサービスを直接消費者に販売することがある。これを（　③　）のチャネルという。

(4)　生産者と消費者の間に小売業者が1社だけ存在して，消費者に製品が届けられることがある。これを（　④　）のチャネルという。

(5)　製品の多くは，生産者から卸売業者，卸売業者から小売業者，そして小売業者から消費者へという流れで届けられる。これを（　⑤　）のチャネルという。

(6)　自動車の生産者や精密機械の生産者などは，生産財を必要とする（　⑥　）が明らかで販売が容易であるため，比較的短いチャネルを構成する。

(7)　取引を希望するすべての卸売業者と小売業者に製品を流通させるチャネル政策を（　⑦　）チャネル政策という。生活用品は（　⑧　）品といい，日常生活で必要となることが多いので，消費者に近いところで多くの小売業者が取り扱うほうがよい。

(8)　生産者が卸売業者や小売業者を一定の条件で選んで製品を流通させるチャネル政策を（　⑨　）チャネル政策という。購入にあたって比較検討が必要な衣料品や家電などの（　⑩　）品は，ブランドイメージを考慮して取扱小売業者を制限して流通させる。

(9)　特定の地域や市場で，特定の業者のみに独占的に製品を流通させるチャネル政策を（　⑪　）チャネル政策という。自動車や宝飾品など，カタログなどで慎重に比較検討し，購入をほぼ決めているような製品である（　⑫　）品を扱うことが多い。

①	②	③	④

⑤	⑥	⑦	⑧

⑨	⑩	⑪	⑫

〈 発 展 問 題 〉

問　次の文章を読み，問いに答えなさい。　　　　　　　　　　（商業経済検定第34回修正）

　生産者は，自ら生産した商品を消費者に円滑に届けるために適切な販売経路政策（チャネル政策）をとっている。この販売経路政策には，生産者が流通経路をどの程度統制するかにより，いくつかの種類に分けることができる。

　まず，卸売業者や小売業者などの中間業者の数や範囲を指定せず，できるだけ多くの業者に自社商品を取り扱ってもらい，売り上げを増大することを目的とした(a)開放的販売経路政策（開放型チャネル政策）がある。①食料品や日用品などの流通に多くみられる政策である。

　次に，(b)生産者が中間業者を選別するために，資格条件に合致する業者にだけ自社商品を供給する政策がある。②化粧品や医薬品，衣料品などの比較的高価な商品，また，ブランドの知名度が比較的高い生産者にみられる政策である。

　そして，中間業者を一業者にしぼり，その業者だけに自社商品を取り扱ってもらう，(c)特約販売経路政策（排他的チャネル政策）がある。③自動車（新車）や，高級ブランド品などの流通に多くみられる政策である。

(1)　下線部(a)の特徴として，次のなかから適切なものを一つ選びなさい。

　　ア．中間業者が多くなり，競争を制限できるので地域内での価格が安定する。

　　イ．中間業者が多くなり，販売経路を限定しないので広範囲に行き渡らせることができる。

　　ウ．中間業者が多くなり，販売経路の構成員全体の一体感が強まるので競争力が高まる。

　　　　　　　　　　　　　　　　　　　　　　　　　　　(1)　---------------------

(2)　下線部(b)のような販売経路政策（チャネル政策）を何というか，正しい用語を完成させなさい。

　　　　　　　　　　　　　　　　　　　　　　　(2)　------------------- 政策

(3)　下線部(c)の具体例として，次のなかから適切なものを一つ選びなさい。

　　ア．家電メーカーのA社は，中間業者を専属契約したX販売業者のみとし，資金援助や役員・販売員の人員を派遣するなどの支援を行った。

　　イ．貴金属メーカーのB社は，販売経路を訪問販売のみとし，自社商品の取り扱いを希望する訪問販売業者に対して取り扱いを認めた。

　　ウ．コンピュータ機器メーカーのC社は，販売方法を自社で運営するネット通販のみとし，専門誌や新聞などのメディアに広告を出した。

　　　　　　　　　　　　　　　　　　　　　　　　　　　(3)　---------------------

(4)　下線部①～③までの製品を何というか，正しい用語を完成させなさい。

①　--------------- 品　②　--------------- 品　③　--------------- 品

第2節 チャネルの種類と特徴③

＊チャネルの組織化

学習の要点

❶ 生産者・卸売業者・小売業者が一体となってチャネルを構成することがある。

❷ 垂直的マーケティングシステムの概要を理解する。

[基 本 問 題]

問1　次の文章の空欄に適切な語句を入れなさい。

(1) 生産者・卸売業者・小売業者が対立しないように，主に生産者が（　①　）となりチャネルの先頭にたって，チャネルをまとめることがある。

(2) （①）が中心となりチャネルにおける無駄を省き，効率よく消費者に製品を届けることができるようになる形態のことを（　②　）マーケティングシステム（VMS）という。衣料品の製造・販売ではこれに似た形態がとられることがあり，これを（　③　）という。「衣料品の製造と小売」という意味で，製品の企画から素材の調達，製造から実際の店舗に並ぶまでの一連の流れを自社内でおこなうのが特徴である。

(3) （②）マーケティングシステムは２つに分類される。一つ目は，生産者が販売を担当する卸売部門や小売部門を設けたり，工場を所有したりする（　④　）である。二つ目は，共通するブランドや情報システムをもつことで，企業の生産機能・卸売機能・小売機能が組織的に統合される（　⑤　）である。

①_____　　②_____　　③_____

④_____　　⑤_____

問2　次の文章で正しいものには○を，誤っているものには×を記入しなさい。

(1) 一般に，生産者から卸売業者，小売業者，消費者へと製品が販売されるチャネルでは，それぞれの業者が自社の利益を最優先にするため，対立することがある。

(2) 垂直的マーケティングシステムでは，チャネルを構成している生産者・卸売業者・小売業者のそれぞれがチャネルリーダーとなる場合はない。

(3) ある自動車メーカーは，かつて製造部門と販売部門がそれぞれ独立した別の企業であったが，統合して一つの企業になったことで，重複した機能を整理・統合できた。

(4) 管理型のマーケティングシステムの場合，関係が深まったとしても資本（資金）を出資することはない。

(1)		(2)		(3)		(4)	

問1　次の文章を読み，問いに答えなさい。 (商業経済検定第33回修正)

　A社は，自動車を製造しているメーカーである。自動織機メーカーを母体に1937年に創業してから成長を続け，現在ではわが国を代表する大企業となっている。

　第二次世界大戦後，A社は原材料や部品から自動車を製造し販売する事業活動を行っていく過程で，しだいに(a)多くの企業によって形成される販売経路全体のなかで中心的な役割を担うようになり，主導権をにぎる企業に成長した。その頃わが国は高度経済成長期にあり，マイカーブームが訪れて1967年には自動車の保有台数が1,000万台を突破し，生産台数も世界第2位の自動車生産国となった。

(1)　下線部(a)のような企業を何というか，カタカナで正しい用語を記入しなさい。

(1)

問2　次の文章を読み，問いに答えなさい。 (商業経済検定第34回修正)

　A社は，事業部制という経営組織を用いて研究開発や生産を行い，非常に多くの製品を手掛けるようになるなかで(a)チャネルリーダーとなっていった。その後も堅実な製品開発を続け，消費者の信頼を更に高めていった。(b)A社は販売会社を統合して，相互に結びつきを強めながら，販売経路全体を管理・統制し系列化していった。このような系列化を行うことで，ノウハウを蓄積できたり情報の保護ができたりして，世界最高水準の製品作りができている。

(1)　下線部(a)の説明として，次のなかから最も適切なものを一つ選びなさい。
　　ア．販売経路を広くとらえて開発から生産，流通や販売までを一連の業務としてとらえ，非効率を排除しようとする企業のこと。
　　イ．多くの企業によって形成される販売経路全体のなかで中心的な役割を担うようになり，主導権をにぎる企業のこと。
　　ウ．自社製品の販売経路を設定する際に，販売経路上にある卸売業者や小売業者が設定した販売経路を受け入れる企業のこと。

(1)
----

(2)　下線部(b)のようなチャネルの組織化のことを何というか，カタカナで正しい用語を記入しなさい。

(2)垂直的

第3節 チャネル政策の動向①②

＊市場環境の変化　＊サプライチェーンマネジメントシステム　＊適切なチャネル
＊新しいチャネル

学習の要点

❶ 物流を管理する活動が重視されている。
❷ 市場環境の変化によってチャネルのかたちが変化し，市場動向などによりチャネル政策は異なることを理解する。

[基本問題]

問　次の文章の空欄に適切な語句を入れなさい。

(1) 市場をめぐる環境は急速に変化し，かつての伝統的なチャネル政策では，消費者ニーズに対応できない。このような市場環境の変化に対応するための一つの方法として，物流を管理する活動を（　①　）という。

(2) かつて，わが国の多くの生産者は自社製品のみを取り扱わせる（　②　）店の拡大に力を入れていた。特定の生産者の（②）店になると，さまざまなリベートを受け取りつつ，安定した製品仕入が可能となる。これを（　③　）というが，最近はディスカウントストアの台頭などにより（③）は縮小傾向にある。

(3) 消費者への対応を効率的におこなうために導入されているシステムを（　④　）といい，主に二つの要素で構成されている。一つ目は，企業間で通信手段を共通化し，受注や発注業務をコンピュータ上でおこなうことで，（　⑤　）という。二つ目は，卸売業者が小売業者の販売動向をみながら，あらかじめ取り決めた在庫管理の目標にしたがって，在庫補充を自動的におこなうことで，（　⑥　）という。

(4) 情報通信技術を活用し，小売業者の販売情報や在庫情報を生産者と卸売業者が共有できるようにし，生産者・卸売業者・小売業者が協働してチャネル全体での在庫削減に取り組む動きを（　⑦　）（供給連鎖管理）という。

(5) サービスの機能や品質が顧客にとって当たり前となり，差別化をはかることが難しい状態のことを（　⑧　）化という。

(6) 実際の店舗での販売と通信販売など複数の異なるチャネル間で相互に情報が連携し，消費者が販売行動を完結できるチャネルのことを（　⑨　）という。

(7) あるコーヒーメーカーは，自社が定める条件を満たす消費者にコーヒーマシンを無料で提供することを始めた。この消費者を（　⑩　）といい，（⑩）は自分の職場にコーヒーマシンを設置し，メンテナンスや代金回収，口コミによる宣伝までもおこない，新しいチャネルとして機能している。

(8) 伝統的なチャネル政策のうち，店舗でのみ製品やサービスを販売するチャネルを（　⑪　）チャネル，店舗や通信販売など多くの経路で製品やサービスを販売しつつもそれぞれのチャネルで情報が連携していない場合を（　⑫　）チャネルという。

① _____   ② _____   ③ _____

④ _____   ⑤ _____   ⑥ _____

⑦ _____

⑧ _____   ⑨ _____   ⑩ _____

⑪ _____   ⑫ _____

〈 発 展 問 題 〉

問　次の文章を読み，問いに答えなさい。　　　　　　　　　　　（商業経済検定第36回修正）

　A社は，創業者がトマトソースの開発に成功し，トマトケチャップやウスターソースなどを販売して業績を上げるようになり，やがてA社は(a)チャネルリーダーとなっていった。国内最大手といわれるほどになるまでの成長を続けていくなかで，食品メーカーであるA社は，自社製品の流通加工を担う工場や物流会社，販売会社などを統合・系列化して，チャネル（販売経路）全体を統制した。また，「畑は第一の工場」というものづくりの思想のもと，契約農場と連携してトマトの栽培に取り組み，安定供給や高品質の原材料の調達を可能にした。このようにA社は，(b)製品の生産から流通・販売までの供給の流れ全体を最適化し，適切に管理することに力を入れている。

(1)　下線部(a)の説明として，次のなかから最も適切なものを一つ選びなさい。

　　ア．自社製品のチャネルを設定する際に，チャネル上にある卸売業者や小売業者が設定した経路を受け入れる企業のこと。

　　イ．チャネルを広くとらえて開発から生産や流通，販売までを一連の業務としてとらえ，非効率を排除しようとする企業のこと。

　　ウ．多くの企業によって形成されるチャネル全体のなかで中心的な役割を担うようになり，主導権をにぎる企業のこと。

(1) _____

(2)　下線部(b)のような経営手法を何というか，次のなかから適切なものを一つ選びなさい。

　　ア．CRM（Customer Relationship Management）

　　イ．OEM（Original Equipment Manufacturing）

　　ウ．SCM（Supply Chain Management）

(2) _____

第1節 プロモーション政策の概要①②

＊プロモーション政策の目的と重要性　＊消費者とのコミュニケーション　＊コミュニケーション・プロセス
＊プロモーション・ミックス　＊統合型マーケティング・コミュニケーション

学習の要点

❶ プロモーション政策の概要，コミュニケーションの方法を理解する。
❷ プロモーション・ミックス，統合型マーケティング・コミュニケーションについて理解する。

基本問題

問　次の文章の空欄に適切な語句を入れなさい。

(1) 消費者に製品の価値を知らせる方法を（　①　）政策という。

(2) 具体的に消費者に対してコミュニケーションをとるとき，企業は自社が「言いたいこと」や「考えていること」を消費者が理解できるようなかたちにする。これを（　②　）という。

(3) 企業は自社が「言いたいこと」や「考えていることを」を（②）を用いて消費者に（　③　）として届ける。

(4) 企業の発信する（③）を消費者に届ける過程で生じる邪魔のことを（　④　）という。

(5) 無事に企業からの（③）を受け取ることができた消費者は，実際に製品やサービスを購入したりして企業側に何らかの反応をみせる。こうした（②）からの一連のプロセスを（　⑤　）・プロセスという。

(6) 現在，さまざまなプロモーション活動やコミュニケーション活動が存在する。それらの最も効果的な組み合わせを考えていくことを（　⑥　）という。

(7) （　⑦　）とは，企業がメディアなどに対価を支払っておこなう情報発信活動である。

(8) （　⑧　）とは，製品やサービスの購入を促すための活動を指す。

(9) （　⑨　）とは，企業が消費者と良い関係を築くための活動を指す。

(10) （　⑩　）とは，製品やサービスを販売するときに消費者と対面で購買を促す活動を指す。

(11) 情報通信技術が発展している現在，企業が発信するメッセージは多種多様なかたちをとっている。そこで多種多様なコミュニケーションを統合すべきであるという考え方が生まれた。それを（　⑪　）マーケティング・コミュニケーション（IMC）という。

① _____　② _____　③ _____

④ _____　⑤ _____　⑥ _____・

⑦ _____　⑧ _____・

⑨ _____・　⑩ _____　⑪ _____

〈 発展問題 〉

問1　次の文章を読み，問いに答えなさい。 （商業経済検定第35回修正）

　企業が行う販売促進には広告や販売員活動などがあり，それらの活動を単独で実施することは少ない。通常は(a)広告や販売員活動などの販売促進の諸手段を，その全体が相乗効果を発揮し最大の効果が得られるように組み合わせて行うことが多い。例えば，菓子や清涼飲料水を発売する際には，頻繁に(b)テレビ広告を実施することで消費者に印象づけ，同時に販売員による試食サービスや発売イベントの開催，懸賞の実施などを行い，いち早く市場を獲得するための活動を行う。

(1)　下線部(a)を何というか，次のなかから適切なものを一つ選びなさい。
　　ア．プロモーション・ミックス
　　イ．メディア・ミックス
　　ウ．パブリック・リレーションズ　　　　　　　　　　　　　(1) _____

(2)　下線部(b)の特徴として，次のなかから最も適切なものを一つ選びなさい。
　　ア．繰り返し行わないと効果の維持が難しいが，社会的な信用を利用した広告であり，広範囲にわたって一斉に広告を行うことができ広告費は割安である。
　　イ．迅速な広告には不向きであるが，特定のターゲット層に限定した広告を行うことができ，広告費は割安である。
　　ウ．広告の時間は瞬間的なので，繰り返して行わないと効果の維持が難しく，広告費は割高であるが強い訴求力をもっている。

　　　　　　　　　　　　　　　　　　　　　　　　　　　　　(2) _____

問2　次の文章を読み，問いに答えなさい。 （商業経済検定第32回修正）

　企業は，さまざまな販売促進を行い，自社の製品やサービスに関するメッセージを消費者に提供し，良好なイメージや新たな需要をつくり出そうとしている。その実現のためには，(a)広告や販売員活動をはじめとする各種の販売促進の諸手段を，最大の効果が得られるように組み合わせることが必要となる。たとえば企業は，主に(b)マスコミ四媒体を利用して広告を行うことにより知名度を上げ，また，消費者に対して，時間をかけて，常に期待を裏切らない努力をすることでブランドをつくりあげていくのである。

(1)　下線部(a)を何というか，カタカナで正しい用語を記入しなさい。

　　　　　　　　　　　　　　　　　　　　(1) _____

(2)　下線部(b)は何か，次のなかから正しいものを一つ選びなさい。
　　ア．テレビ，ラジオ，インターネット，新聞　　　イ．テレビ，ラジオ，新聞，雑誌
　　ウ．テレビ，インターネット，新聞，雑誌

　　　　　　　　　　　　　　　　　　　　　　　　　　　　　(2) _____

第2節	# プロモーションの方法①②

＊広告とは　＊広告の分類　＊広告代理店　＊新聞広告　＊雑誌広告　＊ラジオ広告

学習の要点

❶ 広告の概要と分類，広告代理店の存在について理解する。

❷ それぞれの広告の概要を理解する。

[**基 本 問 題**]

問　次の文章の空欄に適切な語句を入れなさい。

(1)　宣伝依頼の主体が明らかで，直接対面して伝えるのではなく，何らかの媒体を用いて間接的に有料で製品やサービスをすすめる情報発信活動のことを（　①　）という。

(2)　新聞や雑誌，ラジオ，テレビ，インターネットなど広告を掲載する手段を（　②　）（媒体）といい，それぞれの媒体にはメリット，デメリットがある。

(3)　広告媒体のなかで，新聞・雑誌・テレビ・ラジオを（　③　）といい，同一のメッセージを不特定多数の消費者に発信することができる。

(4)　（①）を目的別に分類することもある。自社の製品やサービスの情報を伝える（　④　）や企業の存在そのものを消費者に伝える（　⑤　），また人材を募集する（　⑥　）などがある。

(5)　広告主によって広告を分類することもある。多くは企業単体が広告主となる（　⑦　）であるが，複数の企業が協同でおこなう（　⑧　）や同じ業界の企業が連合して広告主となる（　⑨　）などがある。

(6)　広告主となる企業と新聞や雑誌などの媒体を発行する企業との間に立って広告の制作や市場調査などをおこなう企業を（　⑩　）という。

(7)　新聞を媒体とする広告を（　⑪　）という。最も発行部数が多く広範囲で購読されているのは（　⑫　）である。特定の地域に居住する消費者に向ける場合には，ブロック紙や（　⑬　），特定の業種や業態の消費者に向ける場合には産業紙や（　⑭　）への広告が向いている。

(8)　（⑪）は主に紙面の広告スペースに掲載され，1ページすべてを用いた（　⑮　）や各紙面の下部に記載される（　⑯　）のほかに，小型広告や用途別広告などがある。

①	②	③	④

⑤	⑥	⑦	⑧

⑨	⑩	⑪	⑫

⑬	⑭	⑮	⑯

〈 発 展 問 題 〉

問1　次の文章を読み，問いに答えなさい。　　　　　　（商業経済検定第36回修正）

　広告を計画・実施するにあたり，まず行うことは広告目標の設定である。次に広告費予算を計上して広告媒体を選定する。広告媒体は，広範囲にわたって一斉に広告を行うことができ社会的な信用を利用できる広告や，(a)広告費は他の媒体と比較して割高であるが，視聴覚に訴えることができ強い訴求力をもつ広告がある。このほかにも，特定の広告対象層に効果的に訴求でき，迅速な広告には不向きだが繰り返し見てもらえることが期待できる広告や，消費者の聴覚に訴える広告，インターネットを利用した広告などがある。費用対効果やそれぞれの媒体がもつ特徴などを考慮して選定する。広告媒体は，どれか一つに絞るのではなく(b)予算の範囲内で全体の広告効果が最も大きくなるように複数の媒体を組み合わせることがある。そして広告コンテンツを制作し，適切なタイミングで実施するのである。

(1)　下線部(a)を何というか，次のなかから適切なものを一つ選びなさい。
　　ア．新聞広告　　　イ．雑誌広告　　　ウ．テレビ広告

(1) ....

(2)　下線部(b)を何というか，カタカナで正しい用語を記入しなさい。

(2) ....

問2　次の文章を読み，問いに答えなさい。　　　　　　（商業経済検定第33回修正）

　A社は，1887年に紡績業を行う会社として創立し，現在ではシャンプーや化粧品などの生活用品，漢方薬や医薬品，菓子やアイスなどの食品を取り扱うメーカーである。そんなA社が提供する商品のなかで，30年以上も子どもの心をつかみ続けているX商品がある。
　X商品は，水を入れてねると，しだいに色が変わってふわふわとふくらむ特徴がある。当時としては高い価格設定で，社内では「売れないのではないか」という声もあがったが，魔女が登場し商品を紹介する(a)テレビ広告が受け，ヒット商品となった。

(1)　下線部(a)の特徴として，次のなかから最も適切なものを一つ選びなさい。
　　ア．広告の時間は瞬間的なので，繰り返して行わないと効果の維持が難しく，広告費は割高であるが，強い訴求力をもっている。
　　イ．迅速な広告には不向きであるが，特定のターゲット層に限定した広告を行うことができ，広告費は割安である。
　　ウ．繰り返し行わないと効果の維持が難しいが，社会的な信用を利用した広告であり，広範囲にわたって一斉に広告を行うことができ，広告費は割安である。

(1) ....

第2節 プロモーションの方法③④

＊テレビ広告　＊交通広告　＊屋外広告　＊新聞折込広告　＊ダイレクトメール広告
＊インターネット広告

学習の要点

❶ テレビ広告の概要，マスメディア以外の広告について理解する。
❷ インターネット広告の概要，各広告の特徴を理解する。

基本問題

問1　次の文章の空欄に適切な語句を入れなさい。

(1) テレビを媒体とする広告のことを（　①　）という。

(2) 鉄道車両や駅構内，バス停や空港，タクシーなどさまざまな交通機関でみられる広告のことを（　②　）という。

(3) 最近，車内や駅構内でクイズや情報番組などを放映することで，動きや映像を広告に用いる（　③　）による広告を目にすることが多い。

(4) 特定の顧客にあてて電子メールや郵便で印刷物を送付する広告を（　④　）（DM広告）という。

(5) インターネット上に掲載する広告を（　⑤　）といい，1990年代の半ば頃からおこなわれた。当時はインターネットに常時接続できず，通信に負荷のかからない横長の長方形でつくられた（　⑥　）や文字だけで作成されたテキスト広告が中心だった。

①　　　　　　　　　　②　　　　　　　　　　③

④　　　　　　　　　　⑤　　　　　　　　　　⑥

問2　次の文章は，最近のインターネット広告の種類である。どのような広告の例か解答群から選び，その記号を書きなさい。

(1) 消費者が画面上の広告をクリックして，資料請求や製品の購入などをおこなった場合にのみ広告料が支払われる。

(2) 消費者が検索エンジンでキーワード検索した際，検索結果にキーワードと関連した広告が表示される。

(3) 消費者が閲覧しているサイト上に，これまで消費者がみたウェブページに関連した広告が表示される。

(4) 閲覧しているウェブページに表示されていても違和感がなく自然にみることができる。

(5) コンテンツの中に溶け込むようなデザインの枠を使用して設置されている。

【解答群】
ア．インフィード広告　　イ．コンテンツ連動型広告　　ウ．アフィリエイト広告

エ．リスティング広告（検索連動型広告）　　オ．ネイティブ広告

(1) _____　　(2) _____　　(3) _____　　(4) _____　　(5) _____

〈 発展問題 〉

問　次の文章を読み，問いに答えなさい。　　　　　　　　　　（商業経済検定第36回修正）

　広告代理店の調べによると，わが国の総広告費は，2020年後期になると回復の兆しをみせはじめたものの，通年では前年を大きく下回り，前年比88.8％で6兆1,594億円となり，リーマンショックの影響を受けた2009年に次ぐ下げ幅となった。とくに，(a)屋外広告や交通広告，DM（ダイレクトメール）などのプロモーションメディア広告費は前年比75.4％で1兆6,768億円となり，大幅に減少した。しかし，詳細をみていくと例えばゲーム関連やSNS動画配信，クラウドサービス関連の交通広告やデジタルサイネージを利用した広告が増加したり，通信販売や教育関連，不動産関連のDMが堅調に推移したりした。また，マスコミ四媒体の広告も前年比86.4％で2兆2,536億円とマイナス成長だったが，唯一プラス成長となったのが(b)インターネット（サイバー）広告である。

　外出を控え自宅で過ごす消費者による「巣ごもり需要」が高まるとともに，インターネットを利用して情報を入手する消費者が増えた。こういった消費者向けに(c)検索エンジンの検索結果に，ユーザーが検索したキーワードに関連した広告を掲載する広告手法を積極的に用いる企業も増えた。この広告手法は，消費者の関心に関連した広告が表示されるため，より注目されやすいという特長をもっている。

(1)　本文の主旨から，下線部(a)の主な原因としてどのようなことが考えられるか，次のなかから最も適切なものを一つ選びなさい。
　　ア．外出制限や移動の制限・自粛などにより，交通機関や商業施設の利用者が減少した。
　　イ．デジタルサイネージの普及に伴い，不適切な動画広告が増えて消費者の信用を失った。
　　ウ．商品についての情報を入手するために，実際に手に取って確認する必要性が増加した。

(1) _____

(2)　下線部(b)の特徴として，次のなかから最も適切なものを一つ選びなさい。
　　ア．表現方法が多様であり，人的接触性や即時反応性といった特性をもつ。
　　イ．表現方法が多様であり，双方向性や随時対応性といった特性をもつ。
　　ウ．表現方法が限定的であり，情報が一方的といった特性をもつ。

(2) _____

(3)　下線部(c)を何というか，次のなかから正しいものを一つ選びなさい。
　　ア．リスティング広告　　イ．SNS広告　　ウ．アフィリエイト

(3) _____

プロモーションの方法⑤

＊広告の効果測定　＊インターネット広告の効果測定

学習の要点

❶ 広告の効果測定について理解する。
❷ インプレッションとレスポンスの関係について理解する。

[基本問題]

問　次の文章の空欄に適切な語句を入れなさい。

(1) 新聞広告や雑誌広告は，発行部数と実際に掲載した広告の面積などによって量的な効果測定をおこなう。新聞や雑誌の発行部数は，一般社団法人日本（ ① ）の発表が重視されることが多い。

(2) 同じ面積の新聞広告をだした場合，発行部数が1万部の新聞広告より10万部のほうが効果は高い。テレビの場合は（ ② ），ラジオの場合は（ ③ ）が重視される。

(3) 標的とする消費者に対する広告をみた消費者の割合のことを（ ④ ）といい，ある消費者に対して広告が表示された回数のことを（ ⑤ ）という。(4)と(5)を掛け合わせて算定する（ ⑥ ）もしばしば利用される。

(4) 広告をだす前と後とで製品の存在をどれだけの消費者が知ったか【未知から（ ⑦ ）への変化】，その製品の機能や内容についてどれだけの消費者が知ったか【(⑦)から（ ⑧ ）への変化】，消費者がその製品の購入をどれだけ前向きに考えはじめたか【(⑧)から（ ⑨ ）への変化】，どれだけの消費者がその製品を購入したか【(⑨)から（ ⑩ ）への変化】を比較する方法がある。それを（ ⑪ ）といい，多くの企業で活用している。

(5) インターネット広告の効果測定について，消費者がウェブページでインターネット広告をみた回数のことを（ ⑫ ）という。また，消費者がインターネット広告をみて，実際に行動を起こすことを（ ⑬ ）という。

(6) (⑬)については，(⑫)に対してどれくらいの割合のクリックがあるか【（ ⑭ ）】，どれだけの購買や申し込みがあるか【（ ⑮ ）】などをみて効果測定をおこなう。

① _____　② _____　③ _____　④ _____

⑤ _____　⑥ _____　⑦ _____　⑧ _____

⑨ _____　⑩ _____　⑪ _____　⑫ _____

⑬ _____　⑭ _____　⑮ _____

問　次の文章を読み，問いに答えなさい。 （商業経済検定第33回修正）

　インターネットを使った広告費が近年大幅に拡大している。ある広告代理店の調べでは，2014年から4年連続2桁の割合で広告費が増加しているという。(a)インターネット（サイバー）広告の基本的なものとして，webサイトのページ上に，広告主のサイトにリンクした画像を掲載した広告がある。また，検索エンジンの検索結果とともに，関連する広告を表示する検索連動型広告や，(b)webサイトやメールマガジンなどからリンクを貼り，それを経由して広告主のwebサイトで会員登録や商品を購入すると報酬が入る成果報酬型広告などがある。

　インターネット広告では，(c)自社でアプリを作り広告を行うケースが増えている。例えばA社では，自社専用のアプリの開発に積極的に関わった結果，独自のサービスを提供することができ，商品やサービスについて顧客満足度が上がり，客単価やリピート率，来店頻度などが増加した。

　このように，さまざまなインターネット広告が行われているが，広告効果の測定は，経済的（売上高）効果だけではなく(d)心理的（コミュニケーション）効果も対象となる。企業は，広告の内容や実施方法などを常に検討し，次回の広告につなげていく必要がある。

(1)　下線部(a)のようなインターネット（サイバー）広告を何というか，カタカナ3文字を補って正しい用語を完成させなさい。

(1) _____ 広告

(2)　下線部(b)のようなインターネット（サイバー）広告を何というか，カタカナ7文字を補って正しい用語を完成させなさい。

(2) _____ 広告

(3)　本文の主旨から，下線部(c)の効果として，次のなかから最も適切なものを一つ選びなさい。

　ア．自社でアプリを作ることで，経営の多角化が進んだことを示すことができる。

　イ．自社でアプリを作ることで，著作権を考慮せずに好きな画像を使うことができる。

　ウ．自社でアプリを作ることで，愛顧心が高まり固定客を増やすことができる。

(3) _____

(4)　本文の主旨から，下線部(d)の説明として，次のなかから適切なものを一つ選びなさい。

　ア．広告によって，商品やサービスの売上高や利益がどれだけ増加したかということ

　イ．広告によって，商品やサービスについてどれだけ理解され伝わったかということ

　ウ．広告によって，販売店にどれだけ来店者や問い合わせがあったかということ

(4) _____

プロモーションの方法⑥

第2節

＊セールス・プロモーション（販売促進）　＊消費者向けセールス・プロモーション
＊流通業者向けセールス・プロモーション　＊企業向けセールス・プロモーション

学習の要点

❶ セールス・プロモーションについて理解する。
❷ リベートとアロウワンスの違いについて理解する。

基本問題

問　次の文章の空欄に適切な語句を入れなさい。

(1)　プロモーションのうち購買の意思決定に直接的に刺激を与える活動で，広告やパブリシティ，販売員活動以外の活動を（　①　）・プロモーション（販売促進）という。

(2)　スーパーマーケットや量販店などでは，消費者の（　②　）を生みだすようにさまざまな（①）・プロモーションを展開している。

(3)　たとえば，販売価格の（　③　）や増量パックの提供，割引券や優待券などの（　④　）を配布するなどの方法がある。

(4)　また，(①)・プロモーションとして，購買時点広告ともいわれる，店頭や店内でよく見られる広告を（　⑤　）という。さらに，電波によって内蔵されたデータを読み取ったり書きこんだりすることができる部品である（　⑥　）を利用する方法もある。

(5)　あるいは使用している様子を見ないと製品の価値が伝わらない場合には，（　⑦　）（試供品）を無料で配布したり，（　⑧　）（実演販売）をおこなったりする。

(6)　消費者に製品以外の価値を伝えて売上高を高める方法として，（　⑨　）プログラムを設定して特定の製品やサービスの購入金額に応じてポイントを付与する方法がある。

(7)　特定の製品やサービスを購入した場合には（　⑩　）（景品）を贈る方法もある。また，消費者の利便性や安心性を確保するため（　⑪　）を長く設定する方法もある。

(8)　小売店舗の集客効果を高めるために，スポーツや美術展をとおして集客する（　⑫　）・プロモーションなどを実施することもある。

(9)　家庭用電気製品を生産している企業が家電量販店などに対して，事前に決めた販売目標の達成率に応じて協力金を支払うことがある。これを（　⑬　）という。

(10)　量販店が積極的な販売促進活動を展開した場合には，それに報奨金を支払うことがある。これを（　⑭　）といい，「製品をどのように販売したか」に見合う対価である。

(11)　また，特別な仕入条件を設定した特別出荷や経営指導や店舗診断，販売員の派遣などをおこなう（　⑮　）ヘルプスなどが流通業者向け（①）・プロモーションとなる。

(12)　ある企業は自社の名称やブランドが表示されたカレンダーを得意先の企業に配布している。これを（　⑯　）という。

(13)　パンフレットを作成して得意先の企業に配布するほか，（　⑰　）や展示会などを開催して，新規の得意先を開拓することもある。

①	②	③	④
⑤	⑥	⑦	⑧
⑨	⑩	⑪	⑫
⑬	⑭	⑮	⑯

⑰ ....

〈 発展問題 〉

問1　次の文章を読み，問いに答えなさい。
（商業経済検定第35回修正）

インターネット回線を使った広告として，(a)パソコンやスマートフォンの画面に優待条件となる割引券が表示されていて，商品を購入する際に使用することで割引を受けることができるという広告が人気を集めている。

インターネット広告は，閲覧頻度やユーザー数がこれからも増えていくことが予想されるため，広告主にとっても利点が大きく，成長を続けていくだろう。

(1)　下線部(a)を何というか，次のなかから適切なものを一つ選びなさい。
　　ア．購買時点広告　　イ．ノベルティ広告　　ウ．クーポン付広告

(1) ....

問2　次の文章を読み，問いに答えなさい。
（商業経済検定第34回修正）

X店は，駅前の商店街に店舗を構え，文房具や雑貨，小物類などを販売する家族経営の商店である。店主の子である学生のAは，3か月前から店を手伝っている。

Aは，休みの日には店頭に立って販売活動を手伝ったり，販売促進のアイディアを出したりして少しでも店の力になろうと張り切っている。ある日，Aは「もうすぐ東京オリンピック・パラリンピックが開かれて盛り上がるだろうから，(a)ノベルティ広告に東京オリンピック・パラリンピックのロゴマークを入れたらどうだろう」と考え，店主である父親に相談をした。すると「それは法律で禁止されていることなのでできないよ」と返答された。

(1)　下線部(a)の説明として，次のなかから適切なものを一つ選びなさい。
　　ア．顧客に対して，広告の入ったボールペンやカレンダーなどを提供する広告のこと
　　イ．新聞や折り込み広告などに，優待条件を記載した割引券をつけた広告のこと
　　ウ．特定の顧客あてに広告印刷物を送付して，商品購入や来店を促す広告のこと

(1) ....

第2節 プロモーションの方法⑦

＊パブリック・リレーションズ（PR）　＊パブリシティ　＊口コミ

学習の要点

❶ パブリック・リレーションズについて理解する。
❷ 広告・パブリシティ・口コミの特徴について理解する。

[**基 本 問 題**]

問　次の文章の空欄に適切な語句を入れなさい。

(1)　企業は社会的な存在であるため，「公共」（パブリック）との良好な関係構築のためさまざまな活動をおこなう。これを（　①　）（PR）という。

(2)　企業において（①）を担当するのは，主に広報部であり，（　②　）やパブリシティ，コーポレート・コミュニケーションなどをおこなっている。

(3)　（②）には，不祥事が発生した場合の報告や対応，リコールの実施に関する（　③　）などが含まれる。

(4)　コーポレート・コミュニケーションにはさまざまな社会貢献活動や（　④　）などの文化事業の実施などが含まれる。

(5)　企業が新たに開発した技術や製品，サービスなどに関する情報をマスメディアなどに提供し，記事や番組で紹介してもらう方法を（　⑤　）という。

(6)　企業にとっては（⑤）の内容を完全にコントロールすることができないため，積極的に記者会見や（　⑥　）の発行をおこない，メッセージを提供していかなければならない。

(7)　第三者からの情報という点で信頼が寄せられるものに，（　⑦　）がある。（⑦）の多くは企業の意図しないところで自然に発生する。

(8)　情報通信技術が発展した今日，企業が（　⑧　）に情報を提供し，消費者に対して発信してもらうことで消費者間で（⑦）が広まり，これまであまり注目されてこなかった製品やサービスが爆発的に売れるという可能性もある。これを（　⑨　）という。

①　　　　　　　・　　　　　②　　　　　　　　　　③

④　　　　　　　　　⑤　　　　　　　　　　⑥

⑦　　　　　　　　　⑧　　　　　　　　　　⑨

〔 **応 用 問 題** 〕

問　次ページの広告・パブリシティ・口コミの比較表の(1)～(4)にあてはまる言葉を解答群から

選び，その記号を書きなさい。

【解答群】

　ア．自然に発生　　イ．報道機関の意図

　ウ．マスメディア　エ．消費者

	広告	パブリシティ	口コミ
発信者	企業	（1）	（2）
内容のコントロール	容易	困難	困難
費用	有料	無料	無料
発生要因	計画的に発生	（3）	（4）

(1) ....　　(2) ....

(3) ....　　(4) ....

〈 発 展 問 題 〉

問　次の文章を読み，問いに答えなさい。 （商業経済検定第32回修正）

　近年，(a)企業が消費者を対象とする工場見学が高い人気を集めており，なかには，予約倍率が何十倍，何百倍になっている工場見学もあるほどである。A社は，多くのロングセラー商品をもっている大手菓子メーカーである。A社の工場見学では，チョコレートが滝のように流れる様子を見学することができ，工場見学の最後には，菓子の試食やチョコレートになるまえのカカオマスの試食ができる。

　一方，日本を代表する航空会社であるB社の工場見学の目玉は，格納庫にあるジェット機の整備風景の見学である。ジェット機を間近で見ることができ，予想以上の大きさと大迫力で，子どもから大人まで楽しむことができる。工場見学の料金は無料で，グッズショップでオリジナルグッズを購入することができる。このような工場見学では，(b)口コミ（クチコミ）による情報伝達が考えられる。口コミとして共有された情報により，長期のリピーターになってもらうこと，さらに，新たな顧客の創出を期待できる。企業は，プラスになる評価や共感が得られるように，口コミに関する動向にも注視する必要性が高まっている。

(1)　本文の主旨から，下線部(a)の活動を何というか，次のなかから適切なものを一つ選びなさい。

　ア．PR活動　　イ．メセナ活動　　ウ．メディア活動

(1) ....

(2)　下線部(b)の説明として，次のなかから最も適切なものを一つ選びなさい。

　ア．企業から消費者に対する一方的な情報伝達であり，企業側から一人ひとりの消費者に対して，必要な情報を伝達するものである。

　イ．消費者から企業に対する一方的な情報伝達であり，消費者側から企業に対する意見や要望などを伝達するものである。

　ウ．消費者と消費者の間の情報伝達であり，商品やサービスなどに関するさまざまな情報の発信・受信をするものである。

(2) ....

第2節　プロモーションの方法⑧

＊販売員活動　＊店舗販売　＊訪問販売

学習の要点

❶ 販売員活動について理解する。
❷ 店舗販売での接客におけるポイントを理解する。

─［ 基 本 問 題 ］─

問1　次の文章の空欄に適切な語句を入れなさい。

(1)　販売員が消費者と直接的に接触することで，製品やサービスの購買を促すことを（　①　）という。

(2)　（①）では消費者と対面して直接的に購買を促している点に特色があり，主に（　②　）と（　③　）に分類できる。

(3)　（②）において，消費者が店内を見て回っている時点では，まだ製品やサービスに対して（　④　）か注目している程度である。

(4)　消費者が製品を手に取ったり，同じ製品をずっとみていたりしている様子であれば，（　⑤　）がでてきた段階である。この段階で声掛けなどの（　⑥　）をおこなう。

(5)　（⑥）に成功したあとは，消費者が何を重視しているのかを把握し，購買決定に明確な影響を与える（　⑦　）を消費者に説明する。

(6)　製品の説明に顧客が同意したり，確認したりするような言葉が増えてくると顧客は購買の一歩手前にあり，販売員は顧客の意思を尊重しつつ購買意思の確認をし，顧客は購買決定に至る。こうした購買決定に至る接客の最終段階を（　⑧　）という。

(7)　（③）では，顧客の信用の基盤となる店舗を離れて活動するため，熱意や誠実さ，（　⑨　）をもって顧客に接し，販売員個人が信頼されるようにしなければならない。

(8)　訪問先では，（　⑩　）法などで定められた事項を記載した契約書で売買契約を締結する。さらに（　⑪　）については，十分な説明をおこなわなければならない。

①＿＿＿＿＿＿＿＿　②＿＿＿＿＿＿＿＿　③＿＿＿＿＿＿＿＿　④＿＿＿＿＿＿＿＿

⑤＿＿＿＿＿＿＿＿　⑥＿＿＿＿＿＿＿＿　⑦＿＿＿＿＿＿＿＿　⑧＿＿＿＿＿＿＿＿

⑨＿＿＿＿＿＿＿＿　⑩＿＿＿＿＿＿＿＿＿＿＿＿　⑪＿＿＿＿＿＿＿＿・＿＿＿＿＿

問2　次の顧客の購買心理段階に応じた販売員の接客の言葉は，どの段階のものか解答群から選び，その記号を書きなさい。

(1)　こちらの製品は，○○に特色があり他メーカーと比べても価格がお安いです。

(2) お会計は□□円でございます。クレジットでのお支払いですね。

(3) 何かお探しの商品がございますか。

【解答群】

　　ア．製品の提示と説明　　イ．クロージング　　ウ．アプローチ

(1) _____　(2) _____　(3) _____

〈 発展問題 〉

問　次の文章を読み，問いに答えなさい。　　　　　　　　　　　（商業経済検定第36回修正）

　ある家電量販店のＸ社に入社した販売員Ａは，まず，入社して最初の一週間，職場を離れ，会社内外の講師によって実施される講義形式の研修を受けた。ここではビジネスマナーをはじめ，消費者行動や購買意思決定過程などについて学ぶことができた。また，(a)訪問販売や通信販売などにおける，事業者による違法・悪質な勧誘行為等を防止し，消費者の利益を守ることを目的とする法律についても学んでいき，法令遵守の意識も高めていったのである。

　この研修を終えて配属先に赴任したＡは，電子レンジや冷蔵庫などのキッチン家電を担当するように命じられ，売り場での研修が始まった。最初の週は，先輩の接客を見て学び，空いた時間で商品知識を身につけるための勉強に励んだ。そして，その翌週になると，Ａは先輩が見守るなかで接客を行った。最初はうまく応対ができなかったが，接客を重ねるごとに(b)顧客にとって望ましいと考えられる販売員の資質を磨くことができ，顧客から信頼される販売員となっていったのである。

　最近Ｘ社は，オンラインによる接客を取り入れることを決定した。オンライン接客は相手の表情や気持ちを読み取るのが難しく，また，商品に直接触れてもらうこともできないため，(c)顧客が購入を決める際に影響を与えるであろう，商品がもつ強調すべき特徴や効用がなかなか伝わりにくい。そのため，Ａはオンライン接客の難しさを痛感している。

(1) 下線部(a)を何というか，次のなかから適切なものを一つ選びなさい。

　　ア．製造物責任法　　イ．独占禁止法　　ウ．特定商取引法　　(1) _____

(2) 下線部(b)の具体例として，次のなかから最も適切なものを一つ選びなさい。

　　ア．顧客の要望をかなえようと親身になって話を聞き，ともに考えようとする誠実さ

　　イ．より高額な商品をおすすめして，自社の売り上げに貢献しようとする責任感の強さ

　　ウ．その場で購入を決定してもらうまでは，顧客の都合にかかわらず説得し続けるねばり
　　　強さ　　　　　　　　　　　　　　　　　　　　　　　　　　(2) _____

(3) 下線部(c)を何というか，次のなかから適切なものを一つ選びなさい。

　　ア．マニュアル　　イ．セリングポイント　　ウ．コンシューマリズム

　　　　　　　　　　　　　　　　　　　　　　　　　　　　　　(3) _____

第**2**節

プロモーションの方法⑨⑩

＊店舗設計　＊商品陳列

学習の要点

❶ 店舗設計の概要，店内の設計におけるポイントについて理解する。
❷ 商品陳列について理解し，商品にふさわしい陳列方法について考える。

[基 本 問 題]

問1　次の文章の空欄に適切な語句を入れなさい。

(1) 小売業者は店舗の立地が決定したあとに，店舗の外装や内部の構成を決めていく。これを（　①　）という。

(2) 基本的に店舗を正面から見た部分を（　②　）というが，ここは，顧客の目に触れやすいため，都市景観に配慮しつつストアコンセプトが伝わるよう設計する。

(3) （②）については，デザイン・色彩・素材に配慮しつつ，（　③　）やのれんなどについても遠くから目立つよう設置する。

(4) 店舗内の設計は，基本的に顧客の移動を考慮した（　④　）設計が重視されている。

(5) 一般に主要な消費者の（④）には，消費者を惹きつけるという（　⑤　）効果をもつ売場を設置することが基本である。

(6) 商品陳列は，その販売方法によって，消費者が自由に商品を手に取ることができない（　⑥　）陳列と自由に商品を手に取ることができる（　⑦　）陳列に大別できる。

(7) 商品陳列を陳列場所によって分類することもある。消費者の非計画購買を誘発する（　⑧　）陳列，ゴンドラの端の部分を利用した（　⑨　）陳列，天井から商品を吊り下げる（　⑩　）陳列は顧客の目を引く陳列となる。

(8) 顧客が小売店舗で買い物をする際，関連する商品が一緒に陳列されているほうが購買しやすく小売店舗にとっても販売促進がはかりやすい。これを（　⑪　）陳列という。

① _____　② _____　③ _____

④ _____　⑤ _____　⑥ _____

⑦ _____　⑧ _____　⑨ _____

⑩ _____　⑪ _____

問2　次の文章は，店内設計の事例を示している。この事例に適する言葉を解答群から選び，その記号を書きなさい。

(1) 在庫を保管したり顧客の目につかないよう作業場などを置いておく倉庫などの位置や面

積にも留意する。

(2) 季節感を演出するために四季折々の木や花をそえて商品を陳列したり，スクリーンやパネルなどの装飾物を配置したりする。

(3) 書店などで，単行本コーナーと文庫本コーナーが分けられていることが通常であるが，店内設計をする場合には，取り扱っている製品ごとの陳列場所を決定する。

(4) 製品の陳列については，見やすく選びやすい陳列を心がけ，そのためにゴンドラ・ハンガー・ワゴンなどの陳列器具を有効活用する。

(5) 全般照明，重点照明，装飾照明，間接照明などを利用して店舗や売場のイメージをつくり上げていくのが一般的である。

【解答群】

ア．ゾーニング　　イ．バックヤード　　ウ．照明　　エ．装飾　　オ．陳列設備

(1) ＿＿＿＿＿＿　　(2) ＿＿＿＿＿＿　　(3) ＿＿＿＿＿＿　　(4) ＿＿＿＿＿＿　　(5) ＿＿＿＿＿＿

応用問題

問　次の商品陳列の例（衣料品）のイラストは，どのような陳列の例か解答群から選び，その記号を書きなさい。

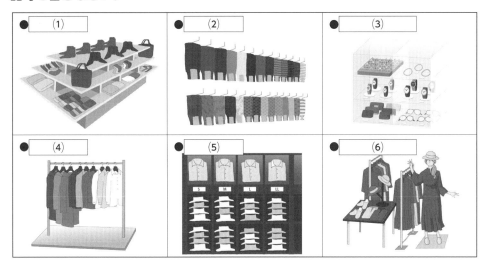

(1) (2) (3) (4) (5) (6)

【解答群】

ア．フック陳列　　イ．関連品陳列　　ウ．ハンガー陳列　　エ．ショーケース陳列

オ．平台陳列　　カ．ボックス陳列

(1) ＿＿＿＿＿＿＿＿＿＿　　(2) ＿＿＿＿＿＿＿＿＿＿　　(3) ＿＿＿＿＿＿＿＿＿＿

(4) ＿＿＿＿＿＿＿＿＿＿　　(5) ＿＿＿＿＿＿＿＿＿＿　　(6) ＿＿＿＿＿＿＿＿＿＿

プロモーション政策の動向／プロモーションの法的な規制

＊トリプルメディア　＊ビッグデータの活用　＊法的な規制　＊自主的な規制
＊公正競争規約

学習の要点

❶ トリプルメディアについて理解し，ビッグデータがどのように活用されているか調べる。
❷ 法的な規制と自主的な規制，公正競争規約について理解する。

[**基 本 問 題**]

問1　次の文章の空欄に適切な語句を入れなさい。

(1) 情報通信技術の発展は，企業と消費者の接点を拡大している。ウェブ上にログを残すウェブログという造語の略称を（　①　）という。

(2) インターネット上の情報を収集して，製品の価格やラインナップなどを比較検討できるようにしたサイトを（　②　）という。

(3) 新聞・雑誌・ラジオ・テレビなどの媒体やインターネット広告におけるリスティング広告など，企業が費用を支払うことで利用可能な媒体を（　③　）という。

(4) 企業自身が自社のウェブサイトや企業のアカウントで運営している各種のSNSなどを（　④　）という。

(5) 製品やサービスに関するさまざまな口コミが書き込まれている価格比較サイトや消費者個人のSNSなどを総称して（　⑤　）という。

(6) 通常のソフトウェアでは処理できないほど巨大で複雑なデータのことを（　⑥　）という。

(7) ほぼ同様の購買傾向をもつ消費者の購買履歴を比較し，まだ購入されていない製品があった場合，その製品をウェブページで推薦する（　⑦　）**方式**による（　⑧　）を採用している小売業者もある。

①
②
③

④
⑤
⑥

⑦
⑧

問2　次の文章の内容が定められている法律などを解答群から選び，その記号を書きなさい。

(1) 広告の社会性と公共性の観点から，不当表示・虚偽広告・誇大広告などがないよう法律で定められている。

(2) 看板やのれんのような屋外広告については，自然な景観の形成や雰囲気の維持，安全の確保の観点において法律で規制されている。

(3) 道路などでチラシを配布する行為については，道路の安全と秩序の確保のため法律で規制されている。

(4) 販売員販売における訪問販売でのさまざまな禁止事項やクーリング・オフ制度などを法律で定めている。

(5) 自主的な規制として広告主・広告媒体の企業・広告代理店など広告に関連する企業を会員とした組織が，社会的に公正な立場から広告に関する審査や処理にあたっている。

(6) 法的な規制と自主的な規制の中間的な存在として，定められている。

【解答群】
　ア．屋外広告物法　　　イ．景品表示法・不正競争防止法　　　ウ．道路交通法
　エ．公正競争規約　　　オ．日本広告審査機構（JARO）　　　カ．特定商取引法

(1) ------------------- 　(2) ------------------- 　(3) ------------------- 　(4) -------------------

(5) ------------------- 　(6) -------------------

〈 発展問題 〉

問1　次の文章を読み，問いに答えなさい。　　　　　　　　　　（商業経済検定第33回修正）

　広告を制作する際には，商品やサービスについてよく知ってもらうことが大事であるが，誇大広告や不当表示，虚偽広告にならないように注意しなければならない。このようなことに対して，(a)広告主や広告媒体の企業などが，自主規制のために設立した機関が審査している。しかし，全て審査にまかせるのではなく，我々も自ら正しい情報を選択できる方法を身につけていかなければならない。

(1) 下線部(a)を何というか，次のなかから正しいものを一つ選びなさい。
　　ア．日本広告審査機構（JARO）　　　イ．消費生活センター　　　ウ．公正取引委員会

(1) -------------------

問2　次の文章を読み，問いに答えなさい。　　　　　　　　　　（商業経済検定第33回修正）

　販売の方法によっては，事業者が守るべきルールや，消費者を守るルールを定める法律が設けられている。その一つに，(a)1976年に制定された，訪問販売・通信販売など，七つの取引類型を規制する法律がある。

(1) 下線部(a)に記された法律として，次のなかから適切なものを一つ選びなさい。
　　ア．割賦販売法　　　イ．特定商取引法　　　ウ．消費者基本法　(1) -------------------

重要用語の確認

■ 第1章 | 現代市場とマーケティング

□ 1.　人間がさまざまな不足を感じる状態のことを何というか。　　　（　　　　　　　）

□ 2.　ニーズを満たすための具体的な手段のことを何というか。　（　　　　　　　）

□ 3.　顧客が製品やサービスを購入する際の負担のことを何というか。　（　　　　　　　）

□ 4.　顧客が製品やサービスから得ることができるさまざまな便益のことを何というか。
　　　　　　　　　　　　　　　　　　　　　　　　　　　　　（　　　　　　　）

□ 5.　顧客が実際に製品やサービスを入手し，その価値が事前に感じていた期待と同じか，もしくはそれよりも大きかった場合に，顧客が得る満足感のことを何というか。
　　　　　　　　　　　　　　　　　　　　　　　　　　　　　（　　　　　　　）

□ 6.　2回以上自社商品を購入してくれている顧客や，継続的に契約を続けてくれている顧客のことを何というか。　　　　　　　　　　　（　　　　　　　）

□ 7.　「事業の目的は顧客の創造」であると述べ，顧客価値と顧客満足を高めることで，企業の継続と発展を図る重要性を指摘したオーストリア出身の経営学者は誰か。
　　　　　　　　　　　　　　　　　　　　　　　　（　　　　　　　）

□ 8.　これまで存在しなかった製品やサービスを開発したり，新しい技術を生みだしたりすることを何というか。　　　　　　　　　（　　　　　　　）

□ 9.　マーケティングをおこなう際の基本的な考え方のことを何というか。
　　　　　　　（　　　　　　　）

□ 10.　マーケティング・コンセプトにおいて「つくりさえすれば売れる」という考え方のことを何というか。　　　　　　　　（　　　　　　　）

□ 11.　マーケティング・コンセプトにおいて「よいものをつくれば売れる」という考え方のことを何というか。　　　　　　　（　　　　　　　）

□ 12.　マーケティング・コンセプトにおいて「どうすれば売れるか」という考え方のことを何というか。　　　　　　　　　（　　　　　　　）

□ 13.　あらかじめ顧客のニーズを読み取って製品をつくりだしたほうが効率がよいという考え方を何というか。　　　　　　　（　　　　　　　）

□ 14.　顧客のニーズを考慮せず，単純に作り出したものを販売するという考え方を何というか。　　　　　　　　　　　　（　　　　　　　）

□ 15.　1960年代から1970年代にかけて，男女の平等や貧困の解決，地球環境の保護といった社会的課題への対応をマーケティングは取り上げるようになった。このような考え方のことを何というか。（　　　　　　　）

□ 16.　ソーシャル・マーケティングのうち，企業が製品の売上高の一部を寄付するなど，社会的に意義のある活動をおこなうことを何というか。
　　　　　　　（　　　　　　　）

□17.　企業は自社内外のさまざまな要素の影響を受けながらビジネスを展開する。これら
を市場環境という。市場環境のなかで企業がコントロールできるものを何というか。
（　　　　　　　　　）
□18.　市場環境のなかで企業がコントロールできないものを何というか。
（　　　　　　　　　）
□19.　「政治（Politics）」「経済（Economics）」「社会（Society）」「技術（Technology）」
という4つの外部環境を取り出し，自社を取り巻く外部環境が，現在もしくは将来的
にどのような影響を与えるかを把握・予測するためのフレームワークを何というか。
（　　　　　　　　　）
□20.　総人口において，一般的に高齢者とされている65歳以上の人口割合が21％を超える
社会のことを何というか。　　　　　　　　　　（　　　　　　　　　）
□21.　年齢や性別，言語や文化，障がいの有無などに左右されずに誰でも快適に利用でき
るようなデザインのことを何というか。（　　　　　　　　　）
□22.　自分がこだわりをもつ製品はたとえ価格が高くても購入するが，自分がこだわりを
もたない製品は購入の際にあまり検討もせず，安価な製品を購入するという傾向がみ
られるようになったことを何というか。　　　（　　　　　　　　　）
□23.　製品やサービスの生産は，消費者のためにおこなわれるべきという考え方のことを
何というか。　　　　　　　　　　　　　　　（　　　　　　　　　）
□24.　企業が製品やサービスを生産する過程で，公害問題が発生したり，品質や機能が完全
でないため消費者の健康や安全に危害が生じたりすることがあった。こういった一連の
問題に対して消費者主権を訴え展開された運動を何というか。（　　　　　　　　　）
□25.　企業には製品やサービスの生産や販売に責任をもつことに加えて，企業はさまざま
な利害関係者に対して社会的責任を負っているという考え方をアルファベットで何と
いうか。　　　　　　　　　　　　　　　　　（　　　　　　　　　）
□26.　ヒト・モノ・カネ・情報の国境を越えた移動が活発になり，各国が相互に頼り合う
傾向が強まることを何というか。　　　　　　（　　　　　　　　　）
□27.　店舗に来客が見込める地理的範囲のことを何というか。　　（　　　　　　　）
□28.　短文のつぶやきを投稿したり，写真を共有したりできるサービスの略称を何という
か。　　　　　　　　　　　　　　　　　　　（　　　　　　　　　）
□29.　情報化に対応しながら，上手に情報を発信・受信しておこなわれるマーケティング
のことを何というか。　　　（　　　　　　　　　）
□30.　ECサイトのようなプラットフォームをつくってそこで多くの企業に出店してもら
い，利用する顧客を増やしていくビジネスにおいて，プラットフォームを提供する企
業などのことを何というか。　　　　　　　（　　　　　　　　　）
□31.　スマートフォンや温度センサー，カメラ，レジスターなどあらゆるモノをインター
ネットで接続しようとする構想を何というか。　　　　（　　　　　　　　　）

□32.　宅配や家庭教師や，家事代行の活動などの人間の活動もまた顧客の役に立ち，ニーズやウォンツを満たすことができる。このように顧客にとって役立つ活動のことを何というか。（　　　　　　　　　）

□33.　製品の企画，開発，プロモーションなどをおこなううえで，環境への影響を最小限に抑えて製品やサービスを提供できるようにすることを何というか。
（　　　　　　　　　）

□34.　世界全体での貧困や飢餓への対応，また，健康と福祉の保障なども解決すべき社会的課題として注目され，「持続可能な開発目標」という意味で使われている用語は何か。
（　　　　　　　　　）

□35.　企業が自社を成長させ続けるために必要とする資源のことを何というか。
（　　　　　　　　　）

□36.　競合他社が多数存在し，同質的な製品やサービスを激しい競争を繰り広げて提供する市場を何というか。（　　　　　　　　　）

□37.　従来の製品やサービスの価値を見直し，新しい価値を創出することで生み出された市場を何というか。
（　　　　　　　　　）

□38.　新規参入業者，代替品，買い手の交渉力，売り手の交渉力，業界内の競合他社の5つの要素を分析することで，経営資源の配分や新しい市場に新規参入するかどうかを判断するフレームワークを何というか。
（　　　　　　　　　）

□39.　企業が自社にとっての強み，弱み，機会，脅威の4つの要素を軸に現状分析などをおこなうフレームワークを何というか。（　　　　　　　　　）

□40.　SWOT分析の略語のSにあたる要素を何というか。（　　　　　　　　　）
□41.　SWOT分析の略語のWにあたる要素を何というか。（　　　　　　　　　）
□42.　SWOT分析の略語のOにあたる要素を何というか。（　　　　　　　　　）
□43.　SWOT分析の略語のTにあたる要素を何というか。（　　　　　　　　　）

□44.　市場の全体像を把握し，その中から狙うべき市場を定め，競合他社との位置関係を決めるという流れで進めていくフレームワークを何というか。
（　　　　　　　　　）

□45.　STP分析において，何らかの基準をもとに市場を細かく分けることを何というか。
（　　　　　　　　　）

□46.　STP分析において，細分化した市場のなかから，自社が有利と思われる市場を選びだすことを何というか。（　　　　　　　　　）

□47.　STP分析において，選び抜いた市場で，自社製品が他社製品より良いイメージをもってもらえるよう働きかけることを何というか。
（　　　　　　　　　）

□48.　顧客をなんらかの基準で共通したグループに分けることをセグメンテーションというが，そのグループ分けに用いられる年齢・性別・職業・所得といった基準を何というか。　　　　　　　　　　　　　　　　　　　（　　　　　　　　　　　）

□49.　顧客をなんらかの基準で共通したグループに分けることをセグメンテーションというが，そのグループ分けに用いられる性格・ライフスタイル・好み・価値観といった基準を何というか。　　　　　　　　　　　　　　　（　　　　　　　　　　　）

□50.　何らかの二つの要素を縦軸と横軸に設定し，自社と競合他社の市場でのポジショニングを明らかにしていくものを何というか。
　　　　　　　　　　　　　　　（　　　　　　　　　　　　　　　　　　　　）

□51.　マーケティングにおいて，製品政策，価格政策，チャネル政策，プロモーション政策の４つの政策の組み合わせを考えることを何というか。
　　　　　　　　　　　　　　　（　　　　　　　　　　　　　　　　　　　　）

□52.　企業がさまざまな種類の製品やサービスを消費者に提供するさいにおこなう，製品にどのような付加価値をつけるのか，どのようなブランドを構築するのかなど，製品やサービスに関するさまざまな政策のことを何というか。　　　（　　　　　　　　）

□53.　企業が消費者の事情を考慮しながら適正な価格を設定することを何というか。
　　　　　　　　　　　　　　　　　　　　　　　　　　（　　　　　　　　）

□54.　企業がターゲットとなる消費者に対して，製品の価値を適正な方法とタイミングで知らせる方法を何というか。　　　　　　　　（　　　　　　　　　　　　　）

□55.　製品政策，価格政策，チャネル政策，プロモーション政策を考えることを４つの政策の頭文字をとって何というか。　　　　　　　　　　　（　　　　　）

□56.　最初に計画を立案し，計画を実施したあとに検証をする。そして改善すべき点があれば次に活用する。このプロセスのことをそれぞれの英語の頭文字をとって何というか。　　　　　　　　　　　　　　　（　　　　　　　　　　　　　）

▌第２章 ▏消費者行動

□57.　消費者が自分のニーズやウォンツを満たすために製品やサービスを購入し，使用し，処分するという一連の行動のことを何というか。　　（　　　　　　　　　）

□58.　消費者が購買にいたるまでの心理的なプロセスを表す考え方の１つとして，注意➡興味➡欲求➡記憶➡行動の英語の頭文字をとったものを何というか。
　　　　　　　　　　　　　　　　　　　　　　　　　（　　　　　　　　　）

□59.　消費者が購買にいたるまでの心理的なプロセスを表す考え方の１つとして，認知➡興味➡検索➡行動➡共有の英語の頭文字をとったものを何というか。
　　　　　　　　　　　　　　　　　　　　　　　　　（　　　　　　　　　）

□60.　消費者が光や色，音，におい，味，触感などさまざまな外部刺激を受け取り，それに反応することを何というか。　　　　　　　　　（　　　　　　　　）

□61. 消費者が自分の好き嫌いなどについてしっかりとした考えをもち，評価をくだすことを何というか。（　　　　　　）

□62. ある人の態度や行動などに直接的あるいは間接的に影響を与えるすべての集団のことを何というか。（　　　　　　）

□63. 製品やサービスに対して消費者がもつこだわりや思い入れなどのことを何というか。（　　　　　　）

□64. 製品を購買する場面など状況によって生まれるこだわりや思い入れのことを何というか。（　　　　　　）

□65. 特定の製品やサービスに対して消費者がもつこだわりや思い入れのことを何というか。（　　　　　　）

□66. 消費者が製品やサービスを購入する前後の一連の流れのことを何というか。（　　　　　　）

□67. 購買意思決定プロセスの中で，何かのきっかけで不足しているものがあることに気づくことを何というか。（　　　　　　）

□68. 購買意思決定プロセスの中で，必要な情報を収集することを何というか。（　　　　　　）

□69. 購買意思決定プロセスの中で，どの製品やサービスを選べばいいのかを考えることを何というか。（　　　　　　）

□70. 購買意思決定プロセスの中で，製品やサービスの良い点や悪い点について考えて，評価をすることを何というか。（　　　　　　）

□71. 購買動機に関連して，アメリカの心理学者アブラハム・マズローは，人間の欲求は低次の欲求から高次の欲求へとピラミッドのように積み重なっていくものだと提唱した。この理論を何というか。（　　　　　　）

□72. 情報探索において，消費者の頭の中でおこなわれる情報探索を何というか。（　　　　　　）

□73. 情報探索において，消費者の外部でおこなわれる情報探索を何というか。（　　　　　　）

□74. 例えばカーディガンの購入を検討している消費者にとって，そのデザイン，素材，サイズ，価格，購入店舗，購入方法などの項目を何というか。（　　　　　　）

□75. 購買後の評価において，消費者が本当にその製品やサービスを購入してよかったのだろうかと思い悩むことを何というか。（　　　　　　）

□76. 来店前に購入を検討していなかったものを勢いで購入してしまうことを何というか。（　　　　　　）

□77. 新しい製品やサービスはあまり知られていないのが一般的であるが，その製品やサービスの目新しさなどに注目してすぐ購入する消費者のことを何というか。（　　　　　　）

□78. 革新的採用者ほどではないが，新しい製品やサービスを先取りしようとする消費者のことを何というか。（　　　　　　）

□79. 　早期採用者によって新しい製品やサービスの情報が広められるようになると，発売当初の購入に対する未知のリスクが減少してくる。この時に購入を決める消費者のことを何というか。　　　　　　　　　　　　　（　　　　　　　　　　　）

□80. 　前期多数追随者が製品やサービスを購入したあとではじめて，購入を決める消費者のことを何というか。　　　　　　　　　　（　　　　　　　　　　　）

□81. 　多くの消費者が製品やサービスを購入したにもかかわらず，それでも新しい製品やサービスを購入しようとしない消費者のことを何というか。（　　　　　　　　　）

□82. 　企業もしくは企業のつくりだす製品やサービスに対して顧客が抱く思い入れのことを何というか。　　　　　　　　　　　　　（　　　　　　　　　　　）

■ 第3章｜市場調査

□83. 　企業は，標的とする市場に関する情報を収集・分析・解釈し，マーケティングに取り入れる。この一連の作業のことを何というか。　　（　　　　　　　　　　　）

□84. 　市場調査における一時的な仮説のことを何というか。　（　　　　　　　　　　）

□85. 　企業は調査仮説が適切かどうかを，さまざまな分析をとおして検証する。はじめに企業内外の既存資料の分析をおこなうが，販売管理システムや売上帳などの販売記録やクレームなどの記録のことを何というか。　　　　　　（　　　　　　　　　　　）

□86. 　企業内外の既存資料の中で，総務省統計局などが公表している統計資料や書籍，新聞などのことを何というか。　　　　　　　　　（　　　　　　　　　　　）

□87. 　企業は調査仮説が適切かどうかを，はじめに既存資料の分析からおこなう。そのうえで情報が不足する場合におこなう調査を何というか。　（　　　　　　　　　　）

□88. 　いきなり大がかりな本調査をおこなうのではなく，本調査に準じた調査をおこなうことが多い。この調査のことを何というか。　　　（　　　　　　　　　　　）

□89. 　企業の市場調査に協力する消費者のことを何というか。
　　　　　　　　　　　　　　　　　　　　　　　　　（　　　　　　　　　　　）

□90. 　製品がいくつ売れたか，何人の顧客が買ったのかなど数値や量で市場を理解しようとする調査を何というか。　　　　　　　　　　（　　　　　　　　　　　）

□91. 　購入の動機や製品に対する思いといった数値化できない要素をインタビューなどによって把握する調査を何というか。　　　　　　（　　　　　　　　　　　）

□92. 　アンケートを調査対象者に送付して回答してもらう方法を何というか。
　　　　　　　　　　　　　　　　　　　　　　　　　（　　　　　　　　　　　）

□93. 　調査員が電話を利用して調査対象者に質問する方法を何というか。（　　　　　　）

□94. 　調査対象者の行動を観察し，その動きや変化などを把握して分析する方法を何というか。　　　　　　　　　　　　　　　　　　　（　　　　　　　　　　　）

□95. 　市場調査の目的にあわせて，調査対象者のグループを複数選択し，異なる質問などをおこなうことでその反応の違いを見る方法を何というか。（　　　　　　　　　）

□96. 　市場調査の対象となる集団全体を何というか。　　　（　　　　　　　　　　）

□97. 特定のセグメントに所属する顧客や関係者に対象を絞って，インタビューをおこなう市場調査の方法を何というか。　　　　　　　（　　　　　　　　　　）

□98. 市場調査において，多くの企業は母集団の性質を反映する調査サンプルを選んで分析する。何らかの考え方や法則に基づいて調査サンプルを選びだすことを何というか。　　　　　　　　　　　　　　　　　　　　（　　　　　　　　　　）

□99. 母集団を構成するそれぞれの消費者が，同じ確率で選ばれるように設計された調査サンプル抽出法のことを何というか。　　　　　　（　　　　　　　　　　）

□100. 原因と結果の関係のことを何というか。　　　　　　（　　　　　　　　　　）

■ 第4章｜製品政策

□101. 製品政策において，企業の個別の品目のことを何というか。
　　　　　　　　　　　　　　　　　　　　　　　　　　　（　　　　　　　　　　）

□102. 製品政策において，企業の製品アイテムと同系統の製品アイテムで構成される製品群を何というか。　　　　　　　　　　　　　　（　　　　　　　　　　）

□103. 製品政策において，製品アイテムと製品ラインの組み合わせのことを何というか。
　　　　　　　　　　　　　　　　　　　　　　　　　　　（　　　　　　　　　　）

□104. 企業が生産する製品やサービスが，言葉や記号，シンボルやデザイン，音や音楽によって競合他社の製品やサービスと区別されていることを何というか。
　　　　　　　　　　　　　　　　　　　　　　　　　　　（　　　　　　　　　　）

□105. ブランドに対する消費者の「思い入れ」のことを何というか。
　　　　　　　　　　　　　　　　　　　　　　　　　　　（　　　　　　　　　　）

□106. 購入するすべての製品やサービスには，生き物と同じように寿命がある。この寿命を横軸に時間，縦軸に金額をとり，売上高と利益の増減を曲線で示したものを何というか。　　　　　　　　　　　　　　　　（　　　　　　　　　　）

□107. 製品を開発するうえで誰に何をどのように提供するのかを簡潔に表現したものを何というか。　　　　　　　　　　　　　　　　（　　　　　　　　　　）

□108. アイデアだしの手法として，批判厳禁・自由奔放・量の重視とアイデアの改良や結合を重視した方法を何というか。　　　　　（　　　　　　　　　　）

□109. 一定期間にわたる販売目標や販売活動，売上高予算など販売についての計画を何というか。　　　　　　　　　　　　　　　　（　　　　　　　　　　）

□110. 目標売上高は想定する販売価格で，どれだけ販売数量が見込めるのかを予測することで計算できる。この予測のことを何というか。　（　　　　　　　　　　）

□111. まったくの新製品や大幅なモデルチェンジをおこなった既存の製品を販売する場合，その製品を試験的に販売して消費者の反応をみて，販売予測をおこなうことがある。これを何というか。　　　　　　　　　　　（　　　　　　　　　　）

□112. 目標売上高を実現するためには，商品別・営業所別・販売員別・顧客別・地域別といった単位に目標売上高を割り当てる作業が必要となる。これを何というか。
　　　　　　　　　　　　　　　　　　　　　　　　　　　（　　　　　　　　　　）

□113. 　生産する製品の種類・数量・日程などを定めた計画で，生産の方法や生産に必要な原材料，部品の仕入れ，生産設備などについても定められているものを何というか。
（　　　　　　　　　　　）

□114. 　小売業者の店舗運営に関するあらゆる事柄を決める際の基本的な考え方のことを何というか。　（　　　　　　　　　　　）

□115. 　商品管理をおこなうにあたり，商品をあらかじめ3つのグループに分類し，一般に取り扱っている商品を売上高の大きい順に並べて左から右に累積する。このような在庫分類の考え方をABC分析というが，売上高の累積構成比によるグラフのことを何というか。　（　　　　　　　　　　　）

□116. 　一定期間にわたり在庫がどれだけ回転したのかを示す指標のことを何というか。
（　　　　　　　　　　　）

□117. 　売上高と在庫高の比率のことを何というか。　（　　　　　　　　　）

□118. 　どの商品がどの時点で，どこで販売されたのかを販売時点で収集・蓄積し，分析できる販売時点情報管理システムのことを何というか。（　　　　　　　　　）

□119. 　コンビニエンスストアや総合スーパーなどPOSシステムを導入している小売業者がおもに単品ごとの販売管理で利用しているものを何というか。
（　　　　　　　　　　　）

□120. 　スマートホームの分野では，家庭用電気製品のメーカーと小売業者や物流業者が協働して人工知能を利用した製品開発をおこなっている。この人工知能のことをアルファベットの略語で何というか。　（　　　　　　　）

■ 第5章｜価格政策

□121. 　原価志向型の価格決定法のうち，製造業を営む企業の多くが採用し，製造原価に一定の利幅を加えて販売価格を決定する方法を何というか。
（　　　　　　　　　　　）

□122. 　製造原価を含めた総費用が売上高と等しくなる点のことを何というか。
（　　　　　　　　　　　）

□123. 　特定の市場でリーダーシップをとる企業が値上げをした場合，同種の製品やサービスを提供する競合他社が同じように値上げをすることを何というか。
（　　　　　　　　　　　）

□124. 　製品やサービスの価格を1,000円や500円に設定するのではなく，980円や498円などのように半端な数字に設定することを何というか。　（　　　　　　　）

□125. 　製品やサービスの価格をあえて高く設定することでブランドなどの価値が高まり，消費者に社会的地位を感じさせることができる価格政策のことを何というか。
（　　　　　　　　　　　）

□126. 　競合他社が簡単に真似できない技術を用いた製品については，販売の初期の段階で製造原価を回収することを目的とし，高い販売価格を設定する。この価格設定のことを何というか。　（　　　　　　　　　　　）

□127.　初期の販売価格を低く設定し，多くの消費者を惹きつけて市場シェアを獲得しようとすることがある。このときの販売価格を何というか。

（　　　　　　　　　　　）

□128.　生産者が小売業者に希望する価格のことを希望小売価格というが，それに対し実際に小売業者が販売する際の価格のことを何というか。　　　（　　　　　　　　）

□129.　ある製品やサービスの価格が変化した際に，需要がどれだけ変化するのかを表した数値のことを何というか。　　　　　　　　（　　　　　　　　　　　）

□130.　航空業界や宿泊業界では，情報通信技術を用いることで，需要が急激に低下した際には販売価格を下げ，逆に上昇した際には販売価格を上げることが可能となっている。こうした価格設定を何というか。

（　　　　　　　　　　　）

□131.　基本的な製品やサービスを無料で提供し，より高性能な製品や高付加価値のサービスを有料で提供することを何というか。　　　　　（　　　　　　　　）

□132.　一定の金額を支払うと一定期間にわたり音楽が聴き放題だったり，動画の視聴が自由にできたりするサービスのことを何というか。

（　　　　　　　　　　　）

□133.　わが国では，基本的にどの企業も自由に価格設定をおこなうことができるが，場合によっては消費者が不利な立場に立たされたり，税金が無駄に使われたりすることもある。そこで自由で公正な市場が確保できるよう法律で定められている。この法律を何というか。　　　　　　　　　　　　　（　　　　　　　　）

□134.　小売業者間で価格競争におちいらないために一定の価格を義務づけることがある。書籍や雑誌，新聞，CDなどで小売業者への拘束が認められている価格のことを何というか。　　　　　　　　　　　　　　　　　　（　　　　　　　　）

□135.　消費者の利益が損なわれるような価格の不当表示や過大な景品類の提供を規制するために制定されている法律を何というか。　　　（　　　　　　　　）

▌第6章｜チャネル政策

□136.　メーカーなどの生産者と消費者をつなぐ経路のことを何というか。

（　　　　　　　　　　　）

□137.　製品自体が移っていく経路のことを何というか。　　（　　　　　　　　）

□138.　製品の所有権が移っていく経路のことを何というか。　（　　　　　　　　）

□139.　自社が生産した製品を購入してもらうために，企業は効率よく製品を届けるチャネルを組み合わせる必要がある。その組み合わせを考えることを何というか。

（　　　　　　　　　　　）

□140.　メーカーと小売業者の中間に介在し，商品の流通活動を担当する再販売業者を何というか。　　　　　　　　　　　　　　　　　　（　　　　　　　　）

□141.　生産者や卸売業者から購入した製品を，最終消費者へ販売する業者を何というか。

（　　　　　　　　　　　）

□142.　チャネル上に卸売業者が存在すると，それぞれの生産者は製品を卸売業者に貯蔵してもらい，そこからそれぞれの小売業者へまとめて製品を発送してもらうことができる。これにより，チャネル全体の総取引量が減る。この考え方を何というか。

（　　　　　　　　　　　　　）

□143.　卸売業者がメーカーと小売業者の間に介在して在庫を保有することで，各小売業者に必要なときに在庫を提供する。そうすることで小売業者の在庫にかかわるコストを抑えることができる。この考え方のことを何というか。

（　　　　　　　　　　　　　）

□144.　製品の機能や仕様が複雑な機械装置や鉄鋼材などは生産財といわれるが，こうした生産財の購入者のことを，一般の消費者と区別して何というか。

（　　　　　　　　　　　　　）

□145.　特定の地域や市場で，特定の業者のみに独占的に製品を流通させるチャネル政策を何というか。（　　　　　　　　　　　　　）

□146.　生産者が卸売業者や小売業者を一定の条件で選んで製品を流通させるチャネル政策を何というか。（　　　　　　　　　　　　　）

□147.　取引を希望するすべての卸売業者と小売業者に製品を流通させるチャネル政策を何というか。（　　　　　　　　　　　　　）

□148.　消費者への対応を効率的におこなうために導入されているシステムのことを英語の頭文字とって何というか。（　　　　　　　　　　）

□149.　企業間で通信手段を共通化し，受注や発注業務をコンピュータ上でおこなうことを英語の頭文字をとって何というか。（　　　　　　　　　　）

□150.　情報通信技術を活用し，小売業者の販売情報や在庫情報を生産者と卸売業者が共有できるようにし，生産者・卸売業者・小売業者が協働してチャネル全体での在庫削減に取り組む動きを何というか。（　　　　　　　　　　　　　）

□151.　実際の店舗での販売や通信販売など複数の異なるチャネル間で相互に情報が連携し，購買行動が完結できるチャネルのことを何というか。

（　　　　　　　　　　　　　）

□152.　消費者間でお金を支払って商品やサービスを交換する取り引きのことを，それぞれの英語の頭文字をとって何というか。（　　　　　　　　　　）

■第7章｜プロモーション政策

□153.　発信主体が明らかで，直接対面して伝えるのではなく，何らかの媒体を用いて間接的に有料で製品やサービスをすすめる情報発信活動のことを何というか。（　　　　　）

□154.　プロモーションのうち，購買の意思決定に直接的に刺激を与える活動で，広告やパブリシティ，販売員活動以外の活動を何というか。

（　　　　　　　　　　　　　）

□155.　店舗などの従業員が消費者と直接的に接触することで製品やサービスの購入を促すことを何というか。（　　　　　　　　　　　　　）

☐156. 企業は社会的な存在であり，「公共（パブリック）」に対して情報を公開したり，情報を受け取ったりしながら良好な関係を築き上げていかなければならない。こうした企業と「公共」の関係構築のためのさまざまな活動を何というか。

（　　　　　　　　　　　　　）

☐157. 情報通信技術が発展している現在，企業が発信するメッセージは多種多様な形態をとっている。多種多様なコミュニケーションを統合すべきだという考え方を何というか。

（　　　　　　　　　　　　　）

☐158. 新聞や雑誌，ラジオ，テレビ，インターネットなど広告を掲載する手段を何というか。

（　　　　　　　　　　　　　）

☐159. 鉄道車両や駅構内，バス停や空港，タクシーなどさまざまな交通機関でみられる広告のことを何というか。

（　　　　　　　　　　　　　）

☐160. 駅構内や鉄道車両内で見かける映像を発信する電子看板のことを何というか。

（　　　　　　　　　　　　　）

☐161. ビルの側面や道路脇の建物の看板，立看板や貼り紙など屋外でみられる広告のことを何というか。

（　　　　　　　　　　　　　）

☐162. 新聞販売店を介して新聞に折り込まれるチラシを利用した広告のことを何というか。

（　　　　　　　　　　　　　）

☐163. 特定の顧客にあてて電子メールや郵便で印刷物を送付する広告のことを何というか。

（　　　　　　　　　　　　　）

☐164. 横長のかたちでインターネット画面に表示される広告が垂れ幕や横断幕を連想させることから名づけられた広告を何というか。　　　　　（　　　　　　　　　　　　　）

☐165. 消費者が画面上の広告をクリックして，資料請求や製品の購入などをおこなった場合にのみ広告料が支払われる広告を何というか。

（　　　　　　　　　　　　　）

☐166. 消費者が検索エンジンでキーワード検索をした際に，検索結果にキーワードと関連した広告を表示することを何というか。　　　（　　　　　　　　　　　　　）

☐167. 消費者が閲覧しているサイト上に，これまで消費者がみたウェブページに関連した広告が表示されるものを何というか。（　　　　　　　　　　　　　）

☐168. 閲覧しているウェブページに表示されていても違和感がなく自然にみることができる広告を何というか。　　　　　　　　　　　（　　　　　　　　　　　　　）

☐169. コンテンツの中に溶け込むようなデザインの枠を使用して設置された広告のことを何というか。　　　　　　　　　　　　　　　（　　　　　　　　　　　　　）

☐170. 多様なインターネット広告では，一度広告をみた消費者に対して，閲覧記録をもとにして再び広告を閲覧させることができる。これを何というか。

（　　　　　　　　　　　　　）

☐171. 広告の量的な測定において，標的とする消費者への到達度のことであり，具体的には標的とする消費者に対する広告をみた消費者の割合のことを何というか。

（　　　　　　　　　　　　　）

□172.　広告の量的な測定において，標的とする消費者の視聴頻度のことであり，具体的にはある消費者に対して広告が表示された回数のことを何というか。

（　　　　　　　　　　　　　　　）

□173.　消費者がウェブページでインターネット広告をみた回数のことを何というか。

（　　　　　　　　　　　　　　　）

□174.　消費者がインターネット広告をみて，実際に行動を起こすことを何というか。

（　　　　　　　　　　　　　　　）

□175.　購買時点広告ともいわれ，店頭や店内でよくみられる広告のことを何というか。

（　　　　　　　　　　　　　　　）

□176.　電波によって内蔵されたデータを読み取ったり書き込んだりすることができる部品のことを何というか。　　　　　　　　　　（　　　　　　　　　　　）

□177.　特定の製品やサービスの購入金額に応じてポイントを付与し，一定のポイントがたまった時点で特典を贈る方法を何というか。　（　　　　　　　　　　　）

□178.　商品につける景品や懸賞の賞品などのことを何というか。（　　　　　　　　）

□179.　家庭用電気製品を生産している企業が家電量販店などに対して事前に決めた販売目標の達成率に応じて協力金を支払うことを何というか。　　　（　　　　　　　　）

□180.　消費者の生の声であり，実際に商品やサービスを利用した顧客が，ネットワーク上のサイトや掲示板などを利用して情報発信することを何というか。（　　　　　　　　）

□181.　マスメディアに向けて新しい製品やサービスの発表会や記者会見などをおこなうことを何というか。　　　　　　　　　　　　（　　　　　　　　　　　）

□182.　たとえばスポーツ選手やモデルなど，多くの消費者の行動に影響を与える人のことを何というか。　　　　　　　　　　　　　（　　　　　　　　　　　）

□183.　通信販売や訪問販売などにおいて消費者の利益を守ることを目的に制定された法律を何というか。　　　　　　　　　　　　　（　　　　　　　　　　　）

□184.　消費者が冷静に購入を考え直した結果，一定の期間であれば売買契約を解除できる制度のことを何というか。　　　　　（　　　　　　　　　　　）

□185.　企業が費用を支払うことによって利用可能な媒体のことを何というか。

（　　　　　　　　　　　　　　　）

□186.　自社のウェブサイトや企業アカウントで運営している各種のSNSなど，企業自身が保有する媒体のことを何というか。　　　（　　　　　　　　　　　）

□187.　通常のソフトウェアでは処理や加工ができないほど巨大で複雑なデータのことを何というか。　　　　　　　　　　　　　　（　　　　　　　　　　　）

実力確認テスト　第1回

1 次の文章の空欄にあてはまる最も適切な語句を下の**ア〜オ**から選び，記号で答えなさい。

　顧客が製品やサービスに対して期待する価値のことを　(1)　といい，顧客が製品やサービスをとおして得る　(2)　がコストよりも大きくなることで生まれる。ドラッカーは，「事業の目的は顧客の創造である」と述べ，(1)　と顧客満足を高めることで，企業の継続と発展を図る重要性を指摘した。

　また，ドラッカーはマーケティングとともに　(3)　の重要性も指摘した。(3)　とは，これまでに存在しなかった製品やサービスを開発したり，新しい技術を生み出したりすることをいい，これにより企業は新たな顧客の創造に成功することができる。こうしたマーケティングの考え方が生まれたのは，19世紀末の　(4)　である。このときの　(4)　では鉄道の発達により全国的な市場が生まれ，大量生産された製品が大量販売される時代を迎えていた。

　ア．イギリス　　**イ**．ベネフィット　　**ウ**．顧客価値　　**エ**．イノベーション　　**オ**．アメリカ

(1)   (2)   (3)   (4)

2 1673（延宝1）年に三井高利（みついたかとし）が開業した「越後屋（えちごや）」は，百貨店の始まりとされている。その理由として，最も適切なものを下の**ア〜ウ**から選び，記号で答えなさい。

　ア．大名や武士といった富裕層を対象に前もって注文を聞き，後から屋敷に製品を持参し，掛けで製品を販売したから。
　イ．店舗に製品を陳列して顧客に実際に見てもらえるようにし，製品に値札をつけて現金による定価販売を推進したから。
　ウ．店舗で販売している製品のモデルチェンジを毎年おこなったり，ローン制度を整備したりしたから。

3 次の(1)〜(6)にあてはまる適切な語句を，次のページの**ア〜カ**から選び，記号で答えなさい。
　(1)　飛行機の機内販売で発生した清涼飲料類や食料品の余りを，児童養護施設の子どもなどに届けるNPOへ寄付する活動
　(2)　学校や病院がポスターを貼り出したり，看板を立てて存在を知らせたりする活動
　(3)　チョコレートを1箱購入するたびに1円を慈善活動団体などに寄付するといった活動
　(4)　年齢や性別，言語や文化，障がいの有無などに左右されずに誰でも快適に利用できるようなデザイン
　(5)　総人口において，一般的に高齢者とされている65歳以上の人口の割合が21％を超えている社会
　(6)　道路の段差をなくしたり，エレベーターを設置したりすることで，障がいを抱える人や

高齢者といった特定の人が生活しやすい状態を作り出すこと

ア． 超高齢社会　　　**イ．** ソーシャル・マーケティング　　　**ウ．** ユニバーサルデザイン
エ． バリアフリー　　　**オ．** コーズ・リレーテッド・マーケティング
カ． 非営利組織のマーケティング

(1) _____　　(2) _____　　(3) _____　　(4) _____

(5) _____　　(6) _____

4 次の文章を読んで，下の各問いに記号で答えなさい。

　わが国の歴史を振り返ると，(a)製品やサービスを生産する過程で自然環境に対して十分な配慮をしていなかったために公害問題が発生したり，品質や機能が完全ではないために消費者の健康や安全に危害が生じたりすることがあった。そうした問題の発生に対して，次第に(b)製品やサービスの生産は，消費者のためにおこなわれるべきだという考え方が強まり，　　　　　が展開された。その結果，企業には製品やサービスの生産や販売に責任をもつことに加えて，企業は社会のさまざまな利害関係者に対しても責任をもっているという考え方が次第に定着していった。

　こうした考え方をもとにアメリカのケネディ大統領は「消費者の四つの権利」を提唱し，顧客に品質の良い製品やサービスを提供するISO9001という国際標準規格や環境保全を目的とした国際標準規格なども用いられるようになってきている。

⑴　下線部(a)のような問題が発生した原因として，下の**ア～ウ**から最も適切なものを選び，記号で答えなさい。
　ア． 当時は製品やサービスの購入が社会的なニーズを満たすことにつながるかどうかが重視されていたから。
　イ． 当時は製品やサービスを「つくりさえすれば売れる」という考え方が優勢で，大量生産がおこなわれていたから。
　ウ． 当時は製品を売るための販売活動プロモーションに力を入れることが重視されていたから。

　　　　　　　　　　　　　　　　　　　　　　　　　　(1) _____

⑵　下線部(b)のような考え方を何というか，下の**ア～ウ**から最も適切なものを選び，記号で答えなさい。
　ア． 生産者主権　　　**イ．** 中央集権　　　**ウ．** 消費者主権

　　　　　　　　　　　　　　　　　　　　　　　　　　(2) _____

⑶　文中の空欄にあてはまる語句として，最も適切なものを下の**ア～ウ**から選び，記号で答えなさい。
　ア． 生産者運動　　　**イ．** 消費者運動　　　**ウ．** 労働運動　　　(3) _____

実力確認テスト　第2回

1 次の文章を読んで，下の各問いに答えなさい。

　製品やサービスを顧客に購入してもらうためには，自社と競合他社を比較して，自社がどの部分で優位に立てるのかを考えなくてはならない。マイケル・ポーターは，(a)製品やサービスを低価格で大量に販売して売上高を伸ばす戦略，(b)他社の製品やサービスの特徴と異なり，簡単に真似されない独自の良さをつくりだす戦略，特定の顧客に集中して働きかける戦略の3つを提唱した。

(1)　下線部(a)のことを何というか，下の**ア**～**ウ**から適切なものを選び，記号で答えなさい。
　　ア．コスト・リーダーシップ戦略　　**イ**．差別化の戦略　　**ウ**．集中の戦略

　　　　　　　　　　　　　　　　　　　　　　　　　　(1)

(2)　下線部(b)のことを何というか，下の**ア**～**ウ**から適切なものを選び，記号で答えなさい。
　　ア．コスト・リーダーシップ戦略　　**イ**．差別化の戦略　　**ウ**．集中の戦略

　　　　　　　　　　　　　　　　　　　　　　　　　　(2)

2 SWOT分析に関する次の文章について，下の各問いに答えなさい。

　自社にとっての強み・弱み・機会・脅威の4つの要素を軸として現状分析をおこなうフレームワークをSWOT分析という。たとえば，あるスポーツセンターにとって，(a)地域最大級の広さの運動スペースがあるということは強みとなる。しかし，(b)スポーツセンター内部のプールの面積が狭いということは弱みになる。また，(c)スポーツセンターの周辺の人口が増加傾向にあることは機会であり，一方，競合他社の進出が進んでいることは脅威となっている。

(1)　下線部(a)の理由として，最も適切なものを下の**ア**～**ウ**から選び，記号で答えなさい。
　　ア．運動スペースの広さは外部環境要因であり，競合他社に対して相対的に優位な要素だから。
　　イ．運動スペースの広さは内部環境要因であり，競合他社に対して相対的に優位な要素だから。
　　ウ．運動スペースの広さは水道光熱費の負担につながり，経営を圧迫する要素だから。

　　　　　　　　　　　　　　　　　　　　　　　　　　(1)

(2)　下線部(b)の理由として，最も適切なものを下の**ア**～**ウ**から一つ選び記号で答えなさい。
　　ア．プールの面積が狭いのは内部環境要因であり，競合他社に対して相対的に不利な要素だから。
　　イ．プールの面積が狭いのは外部環境要因であり，競合他社に対して相対的に不利な要素

だから。

ウ．プールの面積が狭いのは外部環境要因であり，競合他社に対して相対的に優位な要素
だから。

(2)
---

(3)　下線部(c)の理由として，最も適切なものを下の**ア〜ウ**から一つ選び，記号で答えなさい。

　　ア．周辺の人口の増加は内部環境要因であり，自社にとってプラスになることだから。

　　イ．周辺の人口の増加は外部環境要因であり，自社にとってプラスになることだから。

　　ウ．周辺の人口の増加は外部環境要因であり，自社にとってマイナスになること。

(3)
---

3 次の各問いにあてはまる用語を指定の文字数で答えなさい。

(1)　革新的採用者ほどではないが，新しい製品やサービスを先取りしようとする消費者のこ
とを漢字５文字で□□□□□という。この消費者の多くは，他人の消費者行動に影響を与える
オピニオンリーダーとしての役割を果たす。

(1)
---

(2)　前期多数追随者が製品やサービスを購入したあとではじめて購入を決める消費者のこと
を漢字７文字で□□□□□□□という。

(2)
---

(3)　企業もしくは企業のつくりだす製品やサービスに対して顧客が抱く思い入れのことをカ
タカナ６文字で□□□□□□という。

(3)
---

(4)　消費者は購買後の評価の過程で，本当にその製品やサービスを購入してよかったのだろ
うかと思い悩むことがある。これを漢字６文字で□□□□□□という。

(4)
---

(5)　顧客と企業が協働して新たな製品やサービスを作り出すことを漢字４文字で□□□□とい
う。

(5)
---

(6)　年齢，職業，所得など消費者を分類するための複数の要素のことを漢字４文字で□□□□
という。

(6)
---

(7)　必要最低限の製品しか購入しない人をカタカナ６文字で□□□□□□という。

(7)
---

(8)　製品の機能や特徴を重視する購買動機を漢字７文字で□□□□□□□という。

(8)

実力確認テスト　第3回

1 次の文章の空欄にあてはまる適切な語句を下の**ア～カ**から選び，記号で答えなさい。

　母集団の特徴を把握するのに，よく用いられるのが平均値である。たとえば年収300万円の人と年収400万円の人と年収500万円の人がいれば，その平均値は　(1)　万円となる。ただし，こうした平均値の考え方は，マーケティングの考え方を誤らせる原因にもなる。たとえば金額の集計ミスや特殊な状況などによって，外れ値あるいは　(2)　と呼ばれる数値が混入する可能性があることである。たとえばさきほどの例のなかに年収3,000万円の人が1人加わると，その平均値は　(3)　万円となるが，これではこの集団の特徴を正しく把握できているとはいえない。

　そこで，たとえば調査サンプルを集計したときに，最も数が多い数値を　(4)　として，マーケティングで活用することがある。また，調査サンプルを小さい値から大きい値へ順番に並べたときに，その中央にくる値である　(5)　をマーケティングで活用することもある。

　また，度数と呼ばれる実数とその割合を示すグラフである　(6)　を作成して，調査サンプルの散らばり度合をみることもある。

　ア．異常値　　**イ**．1,050　　**ウ**．ヒストグラム　　**エ**．400　　**オ**．最頻値　　**カ**．中央値

(1) _____　　(2) _____　　(3) _____　　(4) _____

(5) _____　　(6) _____

2 相関分析に関する次の文章の空欄にあてはまる適切な語句を下の**ア～カ**から選び，記号で答えなさい。

　相関分析とは，たとえば最高気温と自社が取り扱っているアイスコーヒーの売上高との関係を分析することである。もし最高気温が上昇するにつれてアイスコーヒーの売上高も増加している場合には，　(1)　があるという。ここで表計算ソフトウェアによって回帰分析をおこない，最高気温と販売数量に次の関係式が成立したとしよう。

　販売数量＝0.8×最高気温－7

　もし，最高気温が30度だった場合には，この店舗のアイスコーヒーの販売数量は　(2)　本になることが予想される。

　ア．無相関　　**イ**．負の相関　　**ウ**．16　　**エ**．正の相関　　**オ**．17　　**カ**．18

(1) _____　　(2) _____

3 次の文章の空欄にあてはまる語句を下の**ア~カ**から選び，記号で答えなさい。

　収集した調査サンプルの平均値と，調査サンプルのデータが平均値からどれくらい離れているのかを示す値を　(1)　という。ただし，　(1)　を単純に合計すると零（0）になってしまうため，いったん　(1)　を2乗してその平均をとる。これを　(2)　という。また，この　(2)　の平方根のことを　(3)　という。

ア．中央値　　**イ**．因果関係　　**ウ**．偏差　　**エ**．分散　　**オ**．標準偏差　　**カ**．最頻値

(1) _____　　(2) _____　　(3) _____

4 次の文章を読み，問いに答えなさい。

　ガブリエル・シャネルが確立したファッション・ブランドには，(a)かなり高い資産価値がある。シャネルのブランドが付いているだけで，高級感や洗練された印象を製品がもち，(b)多くの消費者がシャネルというブランドを受け入れている。

　また，単にブランドを受け入れるのみならず，スーツやドレス，衣料品から小物，アクセサリーまですべてシャネルのブランドで統一しようとするほど「思い入れ」を持っている人も少なくない。こうした思い入れのことをブランド・[　　　　　　　]ということもある。

(1)　下線部(a)のことを何というか，カタカナ5文字を補って正しい用語を完成させなさい。

　　　　　　　　　　　　　　　(1)　ブランド・_____

(2)　下線部(b)のことを何というか，漢字3文字で記入しなさい。

　　　　　　　　　　　　　　　(2) _____

(3)　文中の[　　　　　　]にあてはまる語句をカタカナ6文字で記入しなさい。

　　　　　　　　　　　　　　　(3) _____

5 次の各文**ア~ウ**のうち，最も正しいと思われるものを一つ選び，記号で答えなさい。

ア．ABC分析でAグループに属する商品については，最も簡易的な在庫管理の手法であるダブルビン方式が用いられる。この方式では二つの容器を用意して，両方を商品の在庫で満たし，片方の容器の在庫から払い出していくことになる。

イ．Aグループに属する商品については厳密な在庫管理をおこない，BグループはAグループよりも簡易的な在庫管理をおこなう。そしてCグループについては，さらに簡易的な在庫管理をおこなうと，在庫管理をおこないやすい。

ウ．Cグループに分類された商品は，売上高への貢献度が最も高い商品のグループである。

実力確認テスト　第4回

1 次の文章の空欄にあてはまる語句を下の**ア～ウ**から選び，記号で答えなさい。

　さまざまなプロモーション活動やコミュニケーション活動が存在する現在，最も効果的な組み合わせを考えなければならない。この最も効果的な組み合わせのことを　(1)　という。

　また，多種多様なコミュニケーションを統合すべきだという考え方のことを　(2)　という。

　　ア．コミュニケーション・プロセス　　**イ**．プロモーション・ミックス
　　ウ．統合型マーケティング・コミュニケーション

　(1) _____　　(2) _____

2 次の文章の空欄にあてはまる語句を下の**ア～カ**から選び，記号で答えなさい。

　新聞や雑誌，ラジオ，テレビ，インターネットなど広告を掲載する手段をメディア（媒体）という。このうち新聞・雑誌・テレビ・ラジオのことを　(1)　といい，同一のメッセージを不特定多数の消費者に発信することができる。こうしたメディアを利用した広告については，目的別に分類することができる。たとえば自社の製品やサービスの情報を伝える広告は，　(2)　となり，企業の存在そのものを消費者に伝える広告は企業広告に分類される。

　また，広告主別に広告を分類すると，多くは企業単体が広告主となる　(3)　であるが，複数の企業が協同したり連合したりする広告もある。

　メディア（媒体）ごとに広告を分類すると，新聞広告・雑誌広告・ラジオ広告・テレビ広告・交通広告・屋外広告・新聞折込広告・ダイレクトメール広告などに分類される。新聞広告では，最も発行部数が多く広範囲で購読されている　(4)　の影響力が大きい。また，新聞広告や雑誌広告と比較すると，映像や音楽，動きなどを通して情報を発信できる　(5)　は，消費者に与える印象も強いといえる。また，交通広告では電子看板で映像を発信する　(6)　も増えている。

　　ア．テレビ広告　　　　**イ**．マスメディア　　　　**ウ**．単独広告　　　　**エ**．全国紙
　　オ．デジタルサイネージ　　**カ**．製品広告

　(1) _____　(2) _____　(3) _____　(4) _____

　(5) _____　(6) _____

3 次の各文章の空欄にあてはまる適切な数字を，次のページの**ア～カ**から選び，記号で答えなさい。

　(1)　標的とする消費者の10%にテレビコマーシャルが視聴されたとすれば，リーチは　①　%となる。また，その視聴した回数が平均20回であれば，フリークエンシーは　②　回であ

る。

(2) インターネット広告において，ある特定のウェブページの広告を10人がそれぞれ1回ずつ閲覧し，そのうち3人がインターネット広告をクリックした。このときのクリック率（CTR）は ③ ％となる。

(3) ある特定のインターネット広告を25人が1回ずつクリックし，そのうち10人が広告の製品を購入した。このときコンバージョン率（CVR）は ④ ％となる。

(4) インプレッションとは，消費者がウェブページでインターネット広告をみた回数のことをいい，ある特定のウェブページを1回閲覧したさいに，同じインターネット広告が3回表示されれば，インプレッションは ⑤ となる。

ア．20　イ．30　ウ．10　エ．40　オ．3

① ------------------------------　② ------------------------------　③ ------------------------------　④ ------------------------------

⑤ ------------------------------

4 次の文章の空欄にあてはまる適切な語句を下のア～カから選び，記号で答えなさい。

(1) 1990年代の半ば頃からインターネット広告はおこなわれていたが，当時のわが国ではインターネットと常時接続ができず，通信に負荷がかからない横長の長方形で形づくられた ① 広告や，文字だけで作成された ② 広告が中心だった。しかし，情報通信技術の発達と通信回線の高速化・安定化にともない，次第に消費者の目をひくさまざまなインターネット広告が用いられるようになってきている。

(2) 検索エンジンで特定の用語を検索すると，検索結果の上位に検索した用語と関連している広告が表示されることがある。これを検索連動型広告あるいは ③ 広告といい，消費者がその広告をクリックすると，広告料が支払われるしくみである。また，閲覧しているウェブページの内容やデザインに自然に溶け込み，消費者が違和感なく広告に接する場合がある。これを ④ 広告という。たとえばSNSであれば，一般の投稿と同じかたちで広告が表示される。

(3) これまで消費者がみたウェブページに関連したインターネット広告が，ほかのウェブページを閲覧したさいに表示されることがある。これを ⑤ 連動型広告という。この手法だと同じ広告を何度も同じ消費者に表示することができ，これを ⑥ という。

ア．ネイティブ　　イ．コンテンツ　　ウ．リターゲティング　　エ．バナー
オ．リスティング　　カ．テキスト

① ------------------------------　② ------------------------------　③ ------------------------------　④ ------------------------------

⑤ ------------------------------　⑥ ------------------------------

5 次の文章を読んで，各問いに答えなさい。

　企業は社会的な存在なので，「公共」（パブリック）に対して情報を公開したり，あるいは受け取ったりしながら良好な関係を「公共」と築いていかなければならない。

　こうした企業と「公共」の関係を良好に構築するためのさまざまな活動を　①　という。これには企業と消費者の関係だけではなく，地域住民や投資家，行政機関など企業を取り巻くさまざまな利害関係者との関係すべてが対象になる。

　こうした活動を担当するのは，主に広報部であり，報道対策や(a)パブリシティ，コーポレート・コミュニケーションなどをおこなっている。

(1)　文中の　①　にあてはまる語句として，最も適切なものを下のア～エから選び，記号で答えなさい。

　　ア．不祥事の対応　　**イ**．パブリック・リレーションズ　　**ウ**．社会貢献活動
　　エ．リコールの案内

(1)　———————————————

(2)　下線部(a)の説明として，最も適切なものを下のア～ウから選び，記号で答えなさい。

　　ア．企業の意図しないところで発生する第三者からの情報のことで，原則として費用はかからず，コントロールが難しい。消費者間で情報のやりとりがおこなわれるため，今まで注目されていなかった製品やサービスが爆発的に売れるという可能性もある。
　　イ．スポーツ選手やモデル，高名な芸能人などのインフルエンサーに情報を提供し，消費者に対して発信してもらうことで，消費者間での情報のやりとりを期待することをいう。
　　ウ．企業が新たに開発した技術や製品，サービスなどに関する情報をテレビや新聞などに提供し，番組や記事で紹介してもらうことで消費者に情報を伝達することである。

(2)　———————————————

6 次の文章を読み，問いに答えなさい。

　情報通信技術の発展は，企業と消費者の接点を拡大している。たとえばある企業は新聞や雑誌，テレビやラジオなどで広告をおこないつつ，自社のウェブサイトやSNSなど（オウンドメディア）でも情報も発信し，さらに製品やサービスに関するさまざまな消費者の口コミが書き込まれている価格比較サイトや消費者個人のSNSなど（アーンドメディア）にも注意を払っている。また，情報通信技術の発展により，これまでは処理や加工もできなかったほど巨大なデータも取り扱えるようになっている。こうした巨大なデータのことを　①　という。

(1)　文中の　①　にあてはまる語句をカタカナ6文字で記入しなさい。

(1)　———————————————